Luísa Camargos

com Danusa Tederiche e Rafaela Lima

Todo mundo cabe **no mundo de Luísa**

A história de Luísa Camargos, a primeira Relações Públicas com Síndrome de Down do Brasil

jandaíra

AIC Agência de Iniciativas Cidadãs

30 anos

Este livro foi revisado segundo o Novo Acordo Ortográfico da Língua Portuguesa.

Direção editorial e executiva
Lizandra Magon de Almeida
AIC – Agência de Iniciativas Cidadãs
Assistência editorial
Maria Ferreira
AIC – Agência de Iniciativas Cidadãs
Preparação de texto e revisão
Danusa Tederiche
Rafela Lima
Priscylla Ramalho
Karen Nakaoka
Capa
Ronei Sampaio
Projeto gráfico e diagramação
Débora Bianchi | Biancheria
Ronei Sampaio
Fotografia da capa
Thiago Costa

Dados Internacionais de Catalogação na Publicação (CIP) (Câmara Brasileira do Livro, SP, Brasil

Camargos, Luísa
Todo mundo cabe no mundo de Luísa : a história de Luísa Camargos, a primeira relações públicas com síndrome de down do Brasil / Luísa Camargos com Danusa Tederiche e Rafaela Lima. -- São Paulo : Editora Jandaíra ; Belo Horizonte, MG : AIC - Agência de Iniciativas Cidadãs, 2024.

ISBN 978-65-5094-135-2 (Editora Jandaíra)
ISBN 978-65-87808-46-8 (AIC - Agência de Iniciativas Cidadãs)

1. Diversidade 2. Inclusão social 3. Mulheres - Autobiografia 4. Pessoas com Síndrome de Down 5. Relações públicas I. Tederiche, Danusa. II. Lima, Rafaela. III. Titulo.

24-192614 CDD 616.858842

Índices para catálogo sistemático:
1. Pessoas com Síndrome de Down : Biografia 616.858842
Eliane de Freitas Leite - Bibliotecária - CRB 8/8415

jandaíra

Rua Vergueiro, 2087 cj. 306 • 04101-000 • São Paulo, SP
11 3062-7909
editorajandaira.com.br
Editora Jandaíra
@editorajandaira

AIC Agência de Iniciativas Cidadãs 30 anos

AIC – Agência de Iniciativas Cidadãs: R. Monte Carmelo, 20 - Floresta, Belo Horizonte - MG, 31015-230. Contato (31) 3217-7600; aic@aic.org.br ; www.inclusiveluisa.aic.org.br

Dedico este livro aos meus pais Marisa e Jorge;
à minha irmã Alice e à minha sobrinha Laura;
à Rafaela Lima, por acreditar em mim,
e a todos meus amigos e amigas da
Agência de Iniciativas Cidadãs – AIC.
É muito amor envolvido!

Os cientistas dizem que
somos feitos de átomos,
mas um passarinho me contou
que somos feitos de histórias.
Eduardo Galeano

Sumário

09 PARTE 1: HISTÓRIAS

10 CAPÍTULO 1 – FUI APRESENTADA AO MUNDO DESDE QUE VIM AO MUNDO
22 CAPÍTULO 2 – EU SOU DA BAGACEIRA
32 CAPÍTULO 3 – A PRIMEIRA RELAÇÕES PÚBLICAS COM SÍNDROME DE DOWN DO BRASIL
44 CAPÍTULO 4 – UMA VIDA BADALADA: MEU COTIDIANO
52 CAPÍTULO 5 – INFLUENCIADORA E EXPEDICIONÁRIA
59 CAPÍTULO 6 – AIC E CONRERP: ESPAÇOS DE TRABALHO, AFETO E LUTA
73 CAPÍTULO 7 – INCLUSIVE LUÍSA: PORQUE A DIVERSIDADE TORNA O MUNDO MELHOR
83 CAPÍTULO 8 – CONTANDO HISTÓRIAS DE VIDA
97 CAPÍTULO 9 – PÓS-GRADUAÇÃO: NADA SOBRE NÓS SEM NÓS!
104 CAPÍTULO 10 – 30 ANOS DA LUÍSA E DA AIC

109 PARTE 2: IMAGENS E AFETOS

110 DEPOIMENTOS: É MUITO AMOR ENVOLVIDO...
114 LINHA DO TEMPO: PUXANDO FIOS DA MEMÓRIA: MINHA HISTÓRIA DE VIDA
120 MURAL DE MEMÓRIAS E HISTÓRIAS: TODO MUNDO CABE NO MUNDO DA LU
126 BOOK DA LU: FAMÍLIA, MEU PORTO SEGURO!

Parte 1

Histórias

Capítulo 1

FUI APRESENTADA AO MUNDO DESDE QUE VIM AO MUNDO

AMOR E ACESSO A DIREITOS, DESDE O COMECINHO

Nasci em 25 de setembro de 1993, na cidade de Belo Horizonte, estado de Minas Gerais. Começo a contar minha história demarcando a data do meu nascimento porque sou uma pessoa que gosta muito de registrar na memória os tempos que marcam os acontecimentos da vida. Gosto de registrar datas e dificilmente – poderia dizer que quase nunca – esqueço o aniversário de alguém ou alguma data importante para mim. Bem, é o que dizem sobre mim e é verdade, sou assim mesmo!

Na época em que nasci, ainda estávamos no século passado. Você acredita? Falando assim, me sinto até mais velha do que sou, pois sou uma pessoa de outro século e isso para mim é bem curioso de pensar. Mas, voltando à época em que nasci, naquele tempo, pelo que minha mãe me contou, não era muito comum as mulheres grávidas fazerem exames de ultrassonografia, pois era um recurso caro. Meus pais só foram descobrir que tinham uma filha com Síndrome de Down (SD) no momento em que nasci, ou melhor, duas horas após o meu nascimento.

Eu sou a caçula de duas filhas. Alice, minha irmã, estava com quase cinco anos quando nasci. Até o instante em que meus pais receberam a notícia, jamais passou pela cabeça deles que a sua segunda filha viria ao mundo com algum tipo de deficiência. Sempre que converso com meus pais sobre esse dia, eles me contam que, apesar da surpresa e de imediato não saberem muito quais desafios viriam e quais caminhos seriam possíveis para enfrentá-los, eu fui amada e acolhida desde o momento em que cheguei ao mundo.

Passado o impacto da surpresa, eles nunca mediram esforços para que eu tivesse todas as chances, oportunidades e condições de ter uma trajetória de vida como qualquer pessoa. A minha mãe sempre diz, quando lhe perguntam sobre essa experiência do meu nascimento, "Luísa foi apresentada ao mundo desde que veio ao mundo". E esse lugar de pertencente ao mundo, no qual meus pais sempre me colocaram, foi fundamental para que eu pudesse crescer me reconhecendo como parte e participante ativa em todos os espaços. É assim que me sinto: uma pessoa que faz parte deste mundo, mas não se conforma, pois deseja muitas transformações para que todas as pessoas caibam nele.

Uma das primeiras medidas e cuidados de meus pais após meu nascimento foi a busca por informações sobre a Síndrome de Down, bem como sobre quais poderiam ser os caminhos adotados para que eu me desenvolvesse. Para minha mãe, a temática da síndrome de Down não era algo tão inédito, pois ela trabalhava no Núcleo Assistencial Caminhos para Jesus, uma instituição da minha cidade, Belo Horizonte, que iniciou, em 1972, um trabalho pioneiro de amparo a crianças com deficiência, carentes e com sequelas de paralisia cerebral.

Minha mãe, hoje aposentada, trabalhou em tal instituição durante 46 anos. Quando eu nasci, ela atuava na área administrativa e conhecia de perto o trabalho desenvolvido. Assim, desde os meus quinze dias de nascida, passei a receber tratamentos no Núcleo, entre eles um processo de estímulos cognitivos.

Destaco o carinho e o trabalho da Fátima Brites, minha fonoaudióloga. Desde os meus 15 dias de vida até os 16 anos de idade, o trabalho dela foi fundamental para que o desenvolvimento da minha fala e da minha oratória tivesse o resultado que perdura até hoje: minha expressão oral é plenamente desenvolvida! Anos depois, quando eu já exercia minha profissão e dava palestras (sobre isso contarei nos próximos capítulos), a Fátima voltou a trabalhar comigo com exercícios vocais, para que a minha fala em público pudesse ser incrementada. Ela é um dos diversos profissionais que foram fundamentais para que a Luísa que vocês estão conhecendo hoje pudesse conquistar vários de seus sonhos.

Olhando para a minha história desde o comecinho, dá para notar o quanto é decisivo, para as pessoas com deficiência, contar – desde a primeiríssima infância! – com o apoio e o afeto da família, além de ter acesso a tratamentos, atividades e outros recursos necessários à inclusão. Mas, infelizmente, a oportunidade de acesso aos meios necessários para que nós, pessoas com deficiências, tenhamos condições de nos desenvolver, é escassa. Nossa luta por direitos é imensa, pois as políticas públicas no Brasil ainda não atendem boa parte das pessoas com deficiência. Muitos dos recursos para garantir a acessibilidade não estão disponíveis nas redes públicas de saúde, educação e assistência social.

Minha mãe sempre ressalta isso: que eu sou uma pessoa com deficiência privilegiada, pois tive e tenho a possibilidade de fazer os diversos tratamentos necessários e atividades possíveis para apoiar o meu desenvolvimento. Em uma conversa que tive com ela em meu podcast (Sim! Eu tenho um podcast, mas também vou contar essa história depois), quando perguntei a ela se acreditava que os recursos necessários para o melhor desenvolvimento das pessoas com Síndrome de Down estão acessíveis para as todos, ela me disse: "Nem tudo que a pessoa com deficiência precisa é disponibilizado pelo governo. Existem instituições que oferecem recursos e que ajudam essas pessoas em seu desenvolvimento". Esse é o caso do Núcleo em que minha mãe trabalhou e, como disse, foi lá que iniciei meus tratamentos.

Outra questão muito importante para mim, e sobre a qual também foi a minha mãe que me chamou a atenção, é a importância da informação. Ela é um elemento-chave tanto para a luta contra o preconceito quanto para o acesso a direitos. É com informação qualificada que podemos desconstruir discursos preconceituosos que afirmam que nós, pessoas com deficiências, não podemos ter na vida oportunidades para acessar os mesmos direitos que as pessoas sem deficiência acessam. Também é essencial informar os familiares e a sociedade em geral sobre os lugares, as políticas públicas e os direitos que nós temos – só assim podemos ir em busca deles.

Informações e conhecimentos acerca da vida e dos diretos das pessoas com deficiência são pouco difundidos e por vezes até inacessíveis. Digo isso não somente por minha própria experiência de vida, pois sei que minha família se esforçou muito para chegar às informações necessárias em cada etapa do meu desenvolvimento, mas também a partir de conversas com outras pessoas com deficiência que encontrei em minha trajetória. Percebi, muitas vezes, nas falas dessas pessoas e nas falas dos familiares delas, indicativos de uma lógica de inacessibilidade das informações, sobretudo em relação às políticas públicas para as pessoas com deficiência.

MEMÓRIAS E AFETOS

Voltando às minhas memórias, as pessoas que conheci pelo caminho me marcaram muito. São tantas que é até difícil contar, mas posso afirmar que todas foram muito importantes na minha vida e posso já anunciar que as histórias de algumas delas aparecerão a qualquer momento nas linhas deste livro, pois foi com elas que escrevi a minha história de vida.

Começo então contando um pouco sobre como era a infância de uma criança com Síndrome de Down. Bem, a Luísa criança fazia muitas atividades; é até difícil de contar. Pense só: eu, já nos primeiros 15 dias de vida, comecei a frequentar sessões de Fonoaudiologia e de Fisioterapia. Depois de mais um tempinho, Terapia Ocupacional e Psicologia. Era muita "ia", né, gente? Tudo isso foi no Núcleo Assistencial Caminhos para Jesus, onde minha mãe trabalhou – já contei isso né?!

Bem, como a maioria das crianças, eu não parava quieta. Fazia muitas coisas comuns que todas as crianças fazem, como brincar, correr, aprontar... Eu até tomava uma bronca quando precisava. Isso também foi muito importante para mim, no meu desenvolvimento e na aprendizagem. Afinal, toda criança precisa ser orientada e conhecer limites, não é mesmo?

O aspecto diferente do meu dia a dia, como já ressaltei, era que, em meio àquela vida comum de criança, eu tinha que incluir na minha agenda cotidiana muitas outras atividades que eram essenciais para meu tratamento e desenvolvimento. Então, eu fazia, por orientação dos profissionais que me acompanhavam, atividades como balé, natação, musculação, aula de música (aprendi a tocar flauta doce!). Outra coisa primordial, desde meu nascimento, na infância e em todas as etapas da vida até hoje, na fase adulta, foi o acompanhamento médico. Isso sem dúvida é importante para o desenvolvimento da saúde de qualquer pessoa, sobretudo para as pessoas com deficiência – no meu caso, uma pessoa com Síndrome de Down.

Enfim... pude viver uma infância como qualquer outra criança e tive acesso a tratamentos e atividades que me davam a oportunidade de, como merece qualquer criança, me desenvolver plenamente. Além disso, já na minha infância eu pude experimentar, intensamente, o que tem sido, até os dias atuais, o mais importante na construção da minha história: o contato com o mundo e com a vida social; viver cercada de pessoas que amo e que me amam; ter sempre uma agenda cheia de compromissos, convites, festas, viagens. Isso foi o ponto central para eu me desenvolver e me sentir parte do mundo.

Minha mãe conta que minha vida social começou comigo ainda bebê, pois eu não ficava só em casa: eu participava de tudo que a minha família fazia. Em tudo eu estava junto, pois, se eles saíam, eu também saía; se viajavam, eu viajava; se iam ao boteco, estava a

Luísa lá com eles no boteco. É por tudo isso minha que mãe diz que fui apresentada ao mundo desde quando vim ao mundo.

COMO APRENDI A LER O MUNDO

A escola é parte primordial na vida de toda criança. Comigo não foi diferente. Desde muito cedo, o ensino esteve presente em minha vida. Minha mãe me levava para os tratamentos na parte da manhã e à tarde eu ia para a escola. E até hoje eu não penso em parar de estudar, pois gosto muito de aprender coisas e construir conhecimentos.

Comecei a estudar com cinco anos de idade. Naquela época da minha infância, não era tão comum as crianças irem para a escola muito pequenas, ainda mais uma criança com Síndrome de Down. Mas minha mãe pesquisou bastante e encontrou uma escola que já tivesse um trabalho pedagógico voltado para a inclusão. Isso foi em 1999, quando comecei meus estudos na escola regular e privada. Lá, eu interagia com todas as crianças e participava de todas as atividades propostas pela escola. Lembro de participar das festas, das apresentações, das brincadeiras, das atividades e da professora Flávia, a tia Flávia. Ela era muito legal e foi ela quem me alfabetizou.

O processo de alfabetização de uma pessoa com SD é um assunto que sempre desperta muito interesse. Há grande curiosidade em entender como ele acontece. Será que é possível uma criança com SD aprender a ler? Sim, é possível, pois eu aprendi.

Como sempre me perguntam como aprendi a ler e fui alfabetizada, procurei a tia Flávia para saber quais foram as estratégias dela para me ajudar nesse processo. E ela me disse:

> Recebi Luísa no 3º período. Primeiro, no jardim de infância Aquarela e logo depois na escola Coleguium. Nós duas estabelecemos uma relação muito próxima. Isso foi muito importante.

Para construir o processo de alfabetização da Luísa, a gente buscou entender o processo de desenvolvimento dela, para que pudéssemos respeitar suas singularidades. Fomos investigando as coisas que chamavam a atenção da Luísa e utilizando tais coisas no processo.

Vale fazer uma observação: quando conto essa história, falo "a gente" porque, além de mim como professora, ela tinha vários outros profissionais que a acompanhavam. Não foi um processo realizado só por mim, foi por uma equipe. Além disso, assim como os outros profissionais que a atendiam, pude desenvolver um trabalho aprofundado com a Luísa. Após os dois primeiros anos, em que eu fui professora regente dela, nós começamos um acompanhamento em casa com reforço, realização de para casa.

A Luísa sempre foi muito boa de memória, em guardar datas marcantes da vida dela. Então, decidimos trabalhar com isso na alfabetização. Afinal, a Luísa nunca esqueceu nenhuma data especial. Foi a partir de tais datas que a gente trazia contextos de construção para que ela entrasse no processo de reconhecimento dos fonemas e de compreensão de como se formavam os grafemas a partir desses fonemas.

Assim a Luísa foi sendo alfabetizada: considerando as características do contexto de aprendizagem específico dela. O ciclo todo aconteceu quando ela ainda era muito nova. Com sete anos de idade, ela havia concluído o processo básico de alfabetização.

E foi uma trajetória de aprendizagem iniciada com um processo de decodificação e codificação, reconhecendo os fonemas e os grafemas. Só depois, a partir disso, nós partimos para o processo de letramento. Aí, fomos buscar entender como ela compreendia. Líamos pequenos capítulos. Ora ela

> lia, ora eu lia para ela voltar no que ela tinha lido, para que pudesse compreender o que que ela havia decodificado.
> O processo de desenvolvimento da leitura e a alfabetização da Luísa só se fechou em sua plenitude quando nós partimos para o letramento, e ela foi capaz de entender e compreender os contextos, a leitura de mundo. Tudo isso proporcionava à Luísa o que a gente espera de uma alfabetização completa. Não era mais apenas o reconhecimento de letras e valor sonoro: o processo de alfabetização dela se deu no decorrer dos anos iniciais como um todo. Assim, ele se concretizou e deu base para que ela pudesse desenvolver outros tipos de habilidades ligadas à construção do conhecimento.

Viram como foi fundamental para mim ter uma equipe atenta ao meu jeito de aprender e interessada em desenvolver todo o processo a partir das minhas características? Além disso, para apoiar o trabalho que a escola desenvolvia comigo, foi muito importante contar com uma professora de apoio, me dando aulas também em casa. Nos anos iniciais do Ensino Fundamental, quem me ajudava em casa era a tia Flávia mesmo, como vocês viram no depoimento dela. Já nas outras etapas de escolarização, fui acompanhada pela professora Nielma, que me ajudou até a conclusão do Ensino Médio e ficou comigo também no início das aulas na faculdade.

Não tem aquele velho ditado que diz que, para educar uma criança, é preciso toda uma comunidade? Comigo foi assim. Eu tinha o apoio incondicional da família, uma convivência social intensa, vários tratamentos, aulas na escola e aulas particulares, como complemento. Tudo que eu aprendia na escola, eu recapitulava em casa, com a professora de apoio.

Além das professoras, também contribuiu para meu processo de escolarização uma psicopedagoga, a Neuza Loureiro (*in memoriam*). O acompanhamento dela foi de suma importância para o meu desenvolvimento escolar e para a minha vida. Ela me acompanhou até o 7º ano. Lembro que ela utilizou uma ferramenta que se chamava "PEI", o Plano Educacional Individual, o que melhorou muito o meu aprendizado. Ela me passava atividades e exercícios bem específicos para o meu contexto, em cada momento da minha vida. Esses exercícios me ajudavam muito na leitura e na compreensão dos conteúdos.

Como você deve ter percebido, eu tinha uma vida agitada, cheia de atividades e tarefas, não é mesmo? Mas eu amava e amo essa agitação até hoje, não gosto de ficar sem ter o que fazer! Mas toda a correria, a coisa de ficar com a minha mãe "pra cima e pra baixo" para dar conta de fazer tudo, às vezes, coloca a gente em situações inusitadas. Uma vez, aconteceu uma confusão dentro do carro. Eu entrei no carro e estava com fome, pois não tinha dado tempo de comer ainda. Então, minha mãe parou o carro e comprou um lanche no caminho. Quando ela saiu com o carro, eu deixei cair o sanduíche, e foi uma grande confusão... foi lanche para tudo que é lado! Mas acontece nas melhores famílias, não é mesmo?! Bem, com fome é que eu não ia ficar. Catei as partes de sanduíche do chão do carro, juntei e comi assim mesmo. Mal não fez, pois estou aqui dando risada enquanto lembro dessa história.

Ah, deixa eu contar para vocês uma curiosidade sobre mim na época de escola, que não contei ainda. Quando fui para a escola pela primeira vez, minha mãe ficou super preocupada se eu iria me adaptar, se eu iria chorar por ficar sem ela. Mas sabem o que aconteceu? Eu virei pra ela, disse: "Tchau, Mãe!". E entrei toda feliz. Ou seja: desde pequena, eu já mostrava para minha mãe que eu estava pronta para seguir meu caminho e que ela podia ficar tranquila. Sou assim até hoje. Não tenho medo de viver.

Eu estudei em três escolas ao longo da Educação Infantil, do Ensino Fundamental I e II e do Ensino Médio. No começo dessa trajetória, quando cheguei ao ambiente escolar, devo admitir que me lembro de algumas partes, mas não de tudo. Lembro que, quando comecei na escola, eu fui bem acolhida. Fui recebida de braços abertos! Mas eu percebia que os desafios que tinha para estudar eram muito maiores do que de alguns coleguinhas. Por isso, precisei ser muito empenhada nos estudos. E também vivi situações de preconceito na escola.

Para enfrentar tudo isso, foi fundamental ter a minha mãe sempre comigo, me acompanhando na escola e nas reuniões escolares, pois assim eu me sentia mais segura. Sem falar que também participavam da minha vida escolar as profissionais que acompanhavam meu tratamento, como minha psicopedagoga e a psicóloga. E essa era uma estratégia que minha mãe adotava e penso ser relevante ressaltar, pois o apoio da família é importante, mas ter quem apoie a família é mais importante ainda, para que todos juntos possam apoiar a formação da pessoa com deficiência.

Durante todo o meu tempo de escola, fiz também vários amigos, e alguns são meus amigos até hoje. Lembro da gente brincando no recreio, eu adorava. Mas das aulas de Educação Física – que tinham atividades como vôlei, futebol e outros esportes – eu dava uma escapulida, pois não curto muito essas atividades. Ah, elas cansam muito! Enfim... foi uma época boa, em que nós estudávamos e éramos muito felizes.

AMIGOS + AMOR = ALEGRIA E FESTA

Eu sempre gostei muito de me relacionar com as pessoas, de fazer muitos amigos, brincar, dançar e me divertir com elas. Me lembro que, ainda na época da infância, eu escutava uma música do cantor Daniel. Eu saía muito com a minha família, a gente ouvia as músicas dele... Me recordo de escutar ele cantar "Adoro amar você", e essa frase me marcou. Acho que por isso adoro tanto amar as pessoas: aprendi com a música do Daniel!

E, por falar em amar as pessoas, ter um monte de amigos e estar sempre de boa com as pessoas, acho que nem na adolescência eu mudei esse comportamento. Segundo as minhas lembranças, e o que meus pais também falam, eu sempre fui muito tranquila, mesmo nessa fase em que a maioria fica super rebelde. O que eu lembro é que aproveitava a vida. Sabe do que eu gostava? Festas, shows do Rebeldes, do Rouge e do Daniel – eu continuava gostando muito dele.

Naquela época, eu frequentava muitas festas de aniversário de amigos. Pensa num monte de debutante e em muita festa de 15 anos... era muito legal! E quando foi a minha vez de fazer 15 anos, então... Imagina o tanto de trabalho que dei para a minha família organizar minha festa? Fechou BH, né?! Mas não foi só porque eram meus 15 anos. Todo aniversário meu é um pouco dessa confusão! Minha mãe diz: "Luísa, vamos fazer uma listinha e chamar poucas pessoas, só os íntimos mesmo para vir aqui em casa!" Pronto, lá vai Luísa começar a fazer a lista de convidados. Mas eu sou muito conhecida e aí não adianta, só cresce a lista, só Jesus! Então, quando a ideia é fazer aniversário em casa, eu chamo as pessoas com as quais tenho contato até hoje, aí não tem jeito, lá vão Alice e minha mãe atrás de salão de festas para caber a lista de amigos da Luísa. "Quem mandou ser famosa!", "Sou 100% da farra!". Então, seja em barzinho, balada, quando fiz 15 anos... Foi tudo sempre desse jeito.

Imagina então minha festa de trinta anos! Quando você estiver lendo esse livro, já vai saber o que aconteceu. Provavelmente, algum super evento eu programei, quem sabe até não fechei o estádio do Cruzeiro! Mas sabe por que é sempre assim? É porque quero juntar toda a galera, as pessoas que eu amo. Muitos são meus amigos de longa data e permanecem em minha vida até hoje, pois em toda a minha caminhada, desde quando vim ao mundo e fui apresentada a ele, o que mais tenho é muito amor envolvido.

Capítulo 2

EU SOU DA BAGACEIRA

AMOR DE IRMÃ

No imaginário da sociedade, é bastante provável que exista a crença de que as pessoas com deficiência não frequentam diversos lugares e que ter uma vida social seja algo muito distante da nossa realidade. Mas venho aqui dizer para você que não é assim que acontece, se depender do nosso desejo e das nossas diferentes habilidades para construir laços. Comigo, por exemplo, essa ideia não se aplica. Sim, eu sou da bagaceira!!! Amo uma festa, uma balada, barzinho, tomar uma cerveja, viajar, conhecer o mundo e curtir a vida como qualquer outra pessoa.

Durante a minha vida, eu fui sendo inserida na sociedade de forma natural. Contudo, tenho ciência de que não acontece assim com todas as pessoas com deficiência - mas não porque elas não queiram! Digo isso porque conheci muitas outras pessoas com Síndrome de Down, assim como eu, que não tinham uma vida social tão ativa. Algumas, inclusive, nunca tinham saído sozinhas para fazer algo que tivessem vontade. E vejam bem: estou falando aqui de pessoas adultas, mas que, por diversos motivos, não foram estimuladas ou simplesmente não tiveram as mesmas oportunidades que eu. Pensando nisso, e conversando com minha irmã Alice, tivemos a ideia de criar um projeto pioneiro no Brasil, que chamamos de "Bagaceira".

Antes de contar um pouco mais sobre esse projeto, quero dizer que minha irmã e eu sempre fomos muito amigas. Acho que esse meu gosto pela vida e essa necessidade de conhecer o mundo, as pessoas e festejar, sempre que posso, eu puxei dela. Como irmã mais velha, é claro que ela sempre foi a minha inspiração. Seguir os passos dela é algo que tenho buscado por toda a vida. Se podemos dizer que existem diferenças entre nós, eu diria que essa diferença é porque ela é de Exatas e eu, de Humanas. No mais, nossa relação está fundamentada em muitas semelhanças.

Sobre a convivência com a Alice, para mim ela sempre foi minha grande companheira. Nossa relação, desde que éramos crianças, sempre foi muito natural, como toda relação de irmãs. É claro que, às vezes, eu ficava brava com ela por algum motivo. Até hoje isso acontece. Mas não é nada demais, são só umas bobeiras que acontecem e logo passam. Com ela deve ser assim também.

Quando perguntei para ela como era ter uma irmã com Síndrome de Down, ela me disse algo que me marcou muito: que os nossos pais fizeram isso ser algo muito natural e que nossa convivência sempre foi assim: natural. Ela me disse que nem se lembra de quando foi que nossos pais falaram que ela tinha uma irmã com Síndrome de Down. Para ela, ter uma irmã com Síndrome de Down é um fato da vida que não tem nada de extraordinário. E ela nem sabe como é ter uma irmã que não tenha Síndrome de Down, já que eu sou a única irmã que ela tem.

Eu acredito que a forma natural como meus pais foram conduzindo a minha chegada, tanto no seio familiar quanto nos ambientes ligados à nossa família, foi o que resultou em que todos do nosso convívio também pudessem construir comigo uma relação espontânea e sem preconceito. Claro que eu tive alguns desafios em outros espaços em que circulei. Mas confesso que eu nem me dei conta de alguns casos de preconceito quando aconteceram; em relação a outros, não dei bola. E, quanto aos maiores desafios, tive o apoio da família para enfrentá-los.

Voltando à relação de amor, amizade e parceria entre mim e minha irmã, saibam que a gente sempre foi muito, muito ligada uma na outra. Minha irmã disse para mim que, como ela ocupava esse posto de irmã mais velha, ela sempre fez de tudo para me "colocar para frente". Isso é uma grande verdade. Eu sempre acompanhei a Alice em tudo o que ela fazia. Isso fortalecia cada vez mais a nossa relação e tornava nossa convivência cada vez mais profunda e intensa. Eu também não saberia dizer sobre outra forma de relação entre irmãs... Espero que todos tenham a sorte que eu tive de ter alguém como a Alice como irmã.

A gente sempre saiu muito juntas. Até já viajamos sozinhas para a Bahia e curtimos juntas o Carnaval. Desde quando me tornei adolescente, passei a ir com a Alice em todos os lugares em que ela ia com os amigos dela – que também passavam a ser meus amigos. Era sempre assim: saíamos juntas ou com os nossos amigos, uma acompanhava a outra. Tínhamos e temos uma cumplicidade muito grande, pois a gente gosta muito das mesmas coisas. O fato de termos gostos parecidos ajuda muito. Minha irmã brinca comigo dizendo que eu sou a miniatura dela, e eu amo quando ela diz isso!

TODO MUNDO TEM DIREITO À BAGACEIRA

Eu e a Alice criamos o projeto Bagaceira porque somos da bagaceira e acreditamos na importância que as relações sociais podem ter para o desenvolvimento das pessoas com deficiência, na construção de sua autonomia e para seu aprendizado. Sem falar que curtir a vida é bom demais! Além disso, outro fator que nos levou a criar esse projeto foi percebermos que nem todas as pessoas com Síndrome de Down tinham uma vida social ativa. Minha irmã começou a observar que outros jovens, amigos meus, com T21[1] não tinham tido a mesma oportunidade de convivência social que eu.

Pensando nisso, em 2018, criamos o projeto, com o objetivo de incentivar autonomia, independência, empoderamento, responsabilidade e consciência, além de proporcionar muita diversão para adultos com Síndrome de Down, pois a vida adulta chega para todos e é mais do que justo viver os deveres e os prazeres que ela traz. Afinal de contas, quem não gosta de curtir com os amigos, dar uma relaxada num barzinho no fim de um dia de trabalho ou se produzir todo para uma baladinha top? Eu amo demais fazer um social e me divertir – e minha irmã também.

Foi por isso que organizamos alguns "encontrinhos", buscando sempre algum lugar em Belo Horizonte que esteja bombando no momento, que tenha comida boa e bebida gelada. Então, a gente se encontra em bares, restaurantes, botecos, baladas... onde estiver animado. Colocamos o assunto em dia, rimos, controlamos o dinheiro, a comida, a bebida, os horários e, principalmente, alegramos nossas vidas durante esse tempo com os amigos, já que a vida social, que é tão corriqueira para tantas pessoas, pode ser algo raro para muitos adultos com T21.

Minha irmã achava que todas as pessoas com deficiência tinham a mesma vida social que eu, pois para ela isso era algo natural, já que eu era a única referência que ela tinha. Portanto, ela não havia se dado conta ainda de outras realidades possíveis. Ela me contou que, somente depois que começamos a conviver com mais pessoas com deficiência como eu, e quando eu comecei a me tornar mais ativa na defesa da causa dos nossos direitos, foi que ela teve a oportunidade de perceber que nem todos tinham a mesma chance e que existiam ainda mais diferenças nas diferenças.

1 A Síndrome de Down é uma condição genética também chamada de trissomia do cromossomo 21, ou T21. Tal condição genética se caracteriza pela presença de três cromossomos 21 nas células de um indivíduo.

Ao perceber tantas pessoas T21 privadas de algo tão importante, ela conversou comigo e a gente achou legal começar a promover essa oportunidade de socialização para outras pessoas com Síndrome de Down. E deu super certo! Eu gosto muito desse projeto e se tem uma coisa que posso afirmar sem medo de errar é que a diversão é garantida!

Mas você pode estar se perguntando: como organizamos esses encontros? Quem pode participar? Existe uma regra: os familiares não podem participar, somente nós, adultos com Síndrome de Down e outras pessoas com deficiência, podemos fazer parte dos encontros. Os encontros que aconteceram até hoje foram com alguns amigos que fiz ao longo da vida, que conheci nas instituições por onde passei. Mas fizemos também uma conta no Instagram, @projeto.bagaceira, onde você pode encontrar os registros e entrar em contato com a gente caso queira participar ou quem sabe até nos convidar para uma bagaceira com você?! Eu iria adorar!

ENTRE VIAGENS E CARNAVAIS

Bem, mas a bagaceira na minha vida não é só quando estou participando dos encontros no meu projeto com minha irmã. Como eu disse, eu sou da bagaceira e antes mesmo do projeto existir eu já tinha uma vida badalada. Minha vida social sempre foi cheia e eu gosto bastante. Se tem uma coisa que também gosto muito é de viajar e já tive a oportunidade de conhecer muitos lugares, até fora do país. Fiz viagens com minha família desde pequena, fiz viagens só com a minha irmã e até já viajei sozinha a trabalho, ou melhor, viajei em companhia dos meus colegas de trabalho. E essas experiências também foram muito importantes para minha autonomia e para a minha vida social.

Tem uma viagem que fiz e me marcou bastante, na verdade tem mais de uma. Mas a primeira que quero contar é uma que fiz sozinha, sem os meus pais, para a casa da minha irmã. Foi uma experiência bem legal. Fiz uma viagem a passeio para curtir o Carnaval em Salvador. Alice morava na Bahia por conta do seu trabalho como engenheira, atuando na construção do metrô em Salvador. Ela me contava sobre a Bahia e o Carnaval de lá e eu, claro, fiquei super animada em conhecer, pois amo Carnaval e essa festa é uma das maiores que acontecem no Brasil! Foi então que, em 2016, eu fui pela primeira vez conhecer o Carnaval de Salvador com minha irmã. Foi uma curtição envolvendo só nós duas e aqueles dias foram mágicos!

E esse passeio na Bahia teve uma história antes mesmo de a viagem acontecer. Minha irmã e eu fomos organizando tudo por um longo período. Compramos abadás para participar dos trios elétricos, ingressos para os camarotes e, claro, as passagens de avião. Só nos esquecemos de incluir um detalhe em nossa organização: informar sobre a viagem aos nossos pais. Na semana em que já ia viajar, eu pedi para meus pais me levarem ao aeroporto... e foi só nessa hora que eles souberam que eu havia combinado um Carnaval inteiro em Salvador com a Alice. Naquele momento, meu pai ficou bastante bravo conosco, e disse: "Luísa, você não vai! Você não me pediu autorização, não avisou nada, como você faz isso?!". Minha mãe até ficou surpresa, mas não manifestou uma oposição – acho que ela estava ainda processando o acontecido. Em resposta ao meu pai (pois também fiquei brava com a reação dele), eu disse: "Eu vou sim, eu sou maior de idade, eu estou pagando com o meu dinheiro e eu estou indo para casa da minha irmã. Não tem problema nenhum nisso!"

Sei que talvez eu possa ter sido dura com o meu pai naquele momento, mas eu já trabalhava e aquela autonomia que tanto esperavam e apoiavam, eu estava exercendo com aquela ação... e isso os assustou um pouco. Minha mãe fala, em tom de brincadeira (ou talvez não), que foi nesse momento que ela "desistiu" de mim e da minha irmã! Claro que essa desistência de que ela fala é a desistência do controle... O que eles estavam vivendo ali, e vivem em muitos outros momentos, é o desafio de deixar os filhos seguirem os próprios caminhos, né?!

Passado o susto, as discussões e os puxões de orelha, o resultado foi um só: me levaram ao aeroporto e fiz meu primeiro voo sozinha. Eu sempre fui comunicativa. Então, fiz logo amizade com uma pessoa que entrou junto comigo no avião e ela me ajudou com a bagagem de mão e a me organizar no voo. E deu tudo certo! Desembarquei em Salvador e no aeroporto estava minha irmã me aguardando para começarmos nosso Carnaval. Desde essa experiência e até hoje, sempre que é preciso, sejam viagens de férias ou a trabalho, eu estou pronta para viajar sozinha.

Durante aquele Carnaval em Salvador, eu virava a noite na festa, chegava por volta de 9 horas da manhã, dormia a manhã inteira plenamente. Acordava à tarde; almoçava no shopping e logo saía outra vez para curtir o Carnaval. Sempre fui assim, muito animada, e pular o Carnaval é o que mais gosto de fazer. O Carnaval de Salvador é uma experiência de outro mundo: a gente escuta muita música baiana e eu gosto muito. Lá é diferente daqui de BH, que é mais música de sofrência. Eu também gosto de música de sofrência, mas no Carnaval eu prefiro dançar ao som do Axé baiano e do samba carioca.

Por falar em samba carioca, o Rio de Janeiro também é outra cidade em que gosto muito de curtir o Carnaval. Também viajei para lá só com minha irmã – foi até antes da Bahia, inclusive. Foi no Rio que participei, pela primeira vez, de uma grande festa de Carnaval. Foi em 2010, quando eu tinha 16 anos e era uma adolescente muito animada. Na verdade, preciso assumir aqui que essa viagem seria somente para passar o Carnaval na Barra da Tijuca, na casa de familiares do meu cunhado. Mas, chegando lá, resolvemos simplesmente que iríamos fazer a minha estreia no Cordão do Bola Preta, um dos maiores blocos de Carnaval de rua do Rio de Janeiro.

O Carnaval de rua carioca tem muitos blocos. A gente ia pulando atrás deles, cantando e dançando as marchinhas e os sambas, seguindo os trios elétricos... Era um mar de pessoas na rua, todas fantasiadas, com algum adereço, jogando confetes e se divertindo. Mas pensa só, minha irmã sozinha comigo para cuidar de tudo, imagina se eu sumo no meio daquele tanto de gente? Ainda mais que o combinado com meus pais não foi esse. Preocupada com isso, sabe o que minha irmã inventou de fazer? Ela amarrou na cintura dela uma canga de praia e prendeu na minha cintura. A gente andava pelos blocos nessa corrente de canga, uma presa na outra. Foi muito engraçado e divertido. Deu certo, ela não me perdeu e até hoje a gente dá risada desse dia.

Também já curti muito Carnaval na minha cidade, Belo Horizonte, e foi muito bacana. Curti em BH os Carnavais de 2018, 2019 e 2020, indo a vários bloquinhos de rua. Por ser um espaço com muitas pessoas, minha irmã sempre me orientou a ter vários cuidados nesses lugares, tais como: só mexer no celular em local seguro para evitar furto; cuidar do meu copo de bebidas para que ninguém coloque drogas dentro. Essas coisas, infelizmente, podem acontecer, né?! Então, eu seguia as orientações da minha irmã – por exemplo, sempre colocando a minha mão em cima do meu copo de bebida, para protegê-lo. Lembrando do pré-carnaval que aconteceu em 2020 (o Carnaval mesmo a gente curtiu nos EUA, mas essa história eu conto depois), eu combinei com algumas amigas de ir ao bloco de rua e minha mãe me levou para encontrar com elas. Chegando lá, meu celular tocou e eu puxei a minha mãe para um canto onde havia um policial e um muro. Foi assim que eu atendi o telefone, pois minha irmã havia me ensinado esses truques nos Carnavais da vida.

A gente só teve um intervalo de tempo sem aproveitar o Carnaval. Ele aconteceu numa época horrível: quando houve a pandemia da Covid-19, doença causada pelo Coronavírus. Foi um período muito triste, pois muitas pessoas morreram daquela doença. Por muitos e muitos meses, todos nós precisamos ficar isolados. Até para trabalhar era um problema, pois as pessoas tinham que trabalhar de casa – as que podiam, é claro, já que infelizmente a gente sabe que nem todo mundo podia ficar isolado para se proteger e proteger a sua família do vírus. Foi um tempo muito difícil e eu nem gosto de me lembrar dele. Mas, como estou contando para vocês sobre a minha bagaceira no Carnaval, eu lembro que essa época foi diferente e meu Carnaval foi assistindo lives na televisão. Ainda bem que isso passou e agora a gente já retomou as atividades. Claro que aqueles tempos difíceis deixaram impacto, mas vamos seguindo buscando superar tudo.

Contando agora sobre o meu último Carnaval, em 2023, ele foi muito diferente e especial, pois agora temos mais uma foliã na família, que resolveu nascer em pleno Carnaval. Virei titia e dinda e, para a chegada da minha sobrinha, fomos passar o Carnaval em Miami, pois a minha irmã está morando por lá.

O Carnaval em Miami também foi muito divertido, pois lá eu dancei, pulei e fiquei até rouca de tanto farrear. Eu, minha irmã e meu cunhado fomos juntos curtir a folia. Enquanto isso, minha mãe ficava em casa olhando a pequena Laura. A gente se divertiu muito e minha irmã pulou tanto que até esqueceu que estava de resguardo, é mole?! Voltamos para casa à noite, felizes em poder estar juntas em mais uma bagaceira. Estar junto da Alice é algo que me deixa muito feliz! Claro que, para mim, o Carnaval no Brasil é muito mais legal, seja na Bahia, seja no Rio de Janeiro ou em Belo Horizonte. É impossível fazer Carnaval igual ao do Brasil. Nenhum outro se compara ao nosso, pois nós, brasileiros, amamos uma bagaceira.

Capítulo 3

A PRIMEIRA RELAÇÕES PÚBLICAS COM SÍNDROME DE DOWN DO BRASIL

A DESCOBERTA DA VOCAÇÃO

Como qualquer pessoa, a gente não vive só de bagaceira, não é mesmo? Embora essa seja uma parte que gosto muito na minha história, existem muitas outras coisas de que eu gosto bastante e sonhava em realizar na minha vida. Uma delas era fazer uma faculdade.

Durante toda minha trajetória de estudos, desde que entrei na escola aos cinco anos de idade, sempre tive acompanhamento com profissionais e estímulos que foram muito importantes na minha formação. Eu me lembro de minha mãe contar que a minha psicopedagoga orientava a ela que evitasse que eu fosse reprovada na escola. Porém, em dois anos escolares, ela disse para a minha mãe: "Marisa, é importante a Lu refazer essas etapas para ela reforçar o aprendizado e caminhar melhor nas próximas". E assim a minha mãe fez: conversou na escola e eu refiz o 4º ano (antiga 3ª série) e o 9º ano (antiga 8ª série). Daí por diante eu fui caminhando sem maiores dificuldades, sempre com apoio escolar e de uma equipe multidisciplinar.

Quando cheguei ao Ensino Médio, eu seguia normalmente com meus estudos e mantinha na minha rotina uma professora de leitura, que me ajudava a aprofundar a compreensão dos textos e livros. Isso foi muito importante para a ampliação do meu repertório de palavras, para a melhoria de minha habilidade de interpretação de textos, e até mesmo para o desenvolvimento da minha oralidade. Ler junto com ela e discutir os temas sobre os quais líamos me ajudou a desenvolver diálogos e entendimentos com as pessoas, com e sobre o mundo.

Chegando ao final do Ensino Médio, a assistente social Cristina, amiga da minha mãe do Núcleo Caminhos para Jesus, disse a ela que estava na hora de eu entrar para o mercado de trabalho, e me encaminhou para o supermercado Super Nosso. Foi o meu primeiro emprego, como auxiliar administrativa. Comecei a trabalhar no Super Nosso em 6 de maio de 2015. Minha carteira de trabalho foi assinada e eu fazia vários tipos de atividades ligadas ao recebimento de mercadorias e a procedimentos financeiros.

Embora estivesse gostando muito de trabalhar como auxiliar administrativa no mercado e ter achado muito interessante adquirir experiência e conviver com uma equipe, tudo isso fez crescer em mim o desejo de aprender mais, e logo começo a pensar em cursar uma faculdade. Esse sonho continuava e era cada vez mais forte. Eu sempre falava com minha família que queria fazer faculdade, que eu gostava de trabalhar no Super Nosso, mas que também queria continuar estudando. Uma vez, fiz um teste vocacional quando estava na escola e o resultado indicou uma afinidade e habilidades relacionadas à área de Humanas e, mais especificamente, à Comunicação. E o resultado tinha mesmo tudo a ver comigo, pois eu sou muito comunicativa. Amo dialogar com as pessoas, organizar eventos, me expressar de diferentes formas, conhecer novas coisas e divulgá-las. Por isso tudo, um dos cursos que apareceu como possibilidade para mim foi Relações Públicas. Fui pesquisar o que faz um profissional dessa área e, ao ler as competências dos profissionais de RP, me senti motivada e atraída pela profissão.

Permaneci no Super Nosso até 2018, quando precisei me desligar para me concentrar exclusivamente nas atividades da faculdade (espera que eu já conto tudinho sobre como foi o processo de entrar no Ensino Superior), pois naquela época eu já estava nos últimos períodos do meu curso de graduação. Fiquei no Super Nosso após a conclusão do Ensino Médio e durante 3 anos da faculdade. Foi uma experiência muito legal trabalhar lá. Descobri o quanto o trabalho pode ser um espaço de realização pessoal e acho que puxei a habilidade com administração da minha mãe!

AO CURSAR UMA FACULDADE, ACABEI POR TRANSFORMÁ-LA

Sabendo a profissão que queria, fiz o ENEM (o Exame Nacional do Ensino Médio, que é a prova para ingressar em universidades brasileiras), e minha pontuação me deu aprovação para estudar Relações Públicas na Faculdade Pitágoras (de Belo Horizonte – MG). Fiquei muito feliz, e todos na minha família também. Participar do processo do ENEM foi muito importante para mim, pois é um exame muito disputado e difícil. Como pessoa com deficiência intelectual, alcançar a possibilidade de fazer essa prova e ainda mais ser aprovada é algo que jamais vou esquecer. Foi mais uma etapa de superação na minha vida.

As aulas começaram em agosto de 2015 e a minha chegada à faculdade foi muito bacana. Fui bem recebida pelos colegas, pelos professores e pela diretora. Naquele ano, embora eu estivesse muito feliz, pois eu realizava o sonho de fazer a minha faculdade, a vida me reservou um momento que não foi muito bacana. A minha avó Ester, mãe do meu pai, que sempre torceu muito por mim, infelizmente fez a sua passagem em março e não me viu entrar para a faculdade. Tenho certeza de que ela ficaria muito feliz de ver a Luísa formada, mas, embora essa seja uma memória triste, lembrar dos momentos e da companhia da minha avó me deixa muito feliz.

Durante a graduação, fui descobrindo cada vez mais sobre a profissão de RP e percebi que em mim existiam características dessa profissional. Então, costumo dizer que não fui eu quem escolhi ser RP, foi a profissão que me escolheu. Ser Relações Públicas é a minha maior realização de formação!

Na faculdade, eu tive oportunidade de viver muitas coisas legais. Vivenciei a experiência de fazer trabalhos em grupo, de fazer as atividades que eram propostas e até de trabalhar na própria faculdade, com os eventos de lá, no laboratório de comunicação e na biblioteca, como estagiária. O coordenador do curso me convidou para fazer o estágio na biblioteca da faculdade e essa foi mais uma experiência muito boa na minha vida.

Naquele tempo, enquanto estudava na graduação, eu já iniciava algumas importantes atividades profissionais: dava palestras, era mestre de cerimônia em eventos e atuava como digital influencer nas redes sociais. E o tema da sociedade inclusiva estava sempre presente. Eu compreendia que a minha história poderia ser uma inspiração, pois ela mostra o quanto é importante que as pessoas tenham oportunidades para se desenvolver. As oportunidades fazem toda a diferença na vida de qualquer pessoa. Afinal, todos nós temos potenciais. É preciso ter acesso às condições necessárias para desenvolvê-los.

Mas é preciso dizer também que eu tive que enfrentar alguns desafios durante minha graduação, pois eu era a primeira estudante com Síndrome de Down a ingressar num curso de RP. E alguns professores da faculdade em que estudei não sabiam lidar com a diversidade, sobretudo com a inclusão da pessoa com deficiência e com a Síndrome de Down. Então, se para mim foi um tempo de aprendizagem, tenho certeza de que para a faculdade e para alguns professores e colegas também foi.

Eu me recordo apenas de duas situações que foram desafiadoras para mim durante a graduação. Uma delas foi na realização de um trabalho em grupo. Eu sabia como participar, fazer a minha parte, apresentar o trabalho, mas o grupo não me deu essa oportunidade e me delegou apenas a tarefa de falar os nomes dos componentes do grupo, sem compartilhar comigo a apresentação do conteúdo do nosso trabalho. Hoje, ao lembrar dessa história, consigo perceber que ela aconteceu por conta do desconhecimento e do capacitismo – ou seja, do processo de discriminação da pessoa com deficiência, que infelizmente é muito enraizado em nossa sociedade e que as pessoas reproduzem sem nem perceber. Entendo que situações como essa podem acontecer e hoje em dia consigo lidar melhor com elas e tento educar as pessoas para que não as reproduzam. Mas confesso que, naquela situação, eu fiquei muito estressada e chateada, e acabei buscando realizar a atividade sozinha e sair do grupo.

Também me recordo de uma situação com uma professora que não conseguia lidar bem com a inclusão da pessoa com deficiência em suas aulas. A situação ficou tão séria que foi preciso a minha mãe intervir junto à coordenação e até compartilhar algumas informações acerca do processo de ensino-aprendizagem de uma pessoa com Síndrome de Down. Aqui, é importante eu dizer que a direção da faculdade e a equipe de coordenação sempre me deram total amparo e apoio, a mim e à minha família. Sempre que minha mãe sentia necessidade de conversar sobre algum processo do meu desenvolvimento, eles estavam atentos e abertos para encontrarmos juntos um caminho para que eu me sentisse incluída na instituição e pudesse seguir com minha formação. Por isso, sou muito grata à Faculdade Pitágoras, ao Paulo Henrique Oliveira e à Zilma Gusmão, que foram muito importantes para mim na época, bem como a todos os profissionais da instituição que se abriram para a inclusão.

Quero ressaltar aqui que fui muito acolhida por meus colegas de faculdade. O capacitismo da situação em que alguns colegas me excluíram do processo de construção do trabalho de grupo foi um acontecimento que não reflete minha relação com a turma, que foi muito boa. Do mesmo modo, uma professora não se interessou em oferecer as condições de aprendizagem às quais eu tinha direito, mas a maioria dos docentes não só se interessou como se dedicou a isso. Várias outras pessoas da equipe da faculdade me ajudaram bastante com os estudos, como o meu instrutor Júlio Cézar Reis e a bibliotecária Luana Leal, que sempre me ensinavam como realizar as tarefas referentes ao estágio. Além disso, a coordenação sempre disponibilizava um espaço para eu fazer as provas, quando eu não conseguia realizá-las na sala de aula, por dificuldade de concentração – aspecto que é um desafio para nós, com Síndrome de Down.

NÓS, PESSOAS T21, PODEMOS, SIM, CHEGAR À UNIVERSIDADE

Quando eu conto as situações desafiadoras que enfrentei durante o curso de RP, não é para que se tenha um olhar ruim para a instituição, nem para a professora e os colegas em questão, mas para a gente entender que são casos que podem acontecer em qualquer lugar. Também falo sobre elas para reforçar que só haverá mudança quando a gente descontruir alguns preconceitos estruturados na sociedade; quando a gente desconstruir o capacitismo; quando mais instituições se abrirem para a diversidade e a inclusão, como a Faculdade Pitágoras fez. Eu me senti muito acolhida e amada durante todo tempo em que estive lá fazendo a minha graduação.

Na faculdade, eu fiz muitos amigos. Alguns professores até viraram meus amigos, como o professor Wilson Mingote (a gente o chama de Mingote), que é meu amigo até hoje. Inclusive, já até entrevistei-o no meu podcast. Ele é uma pessoa muito de bem com a vida e, na época, me deu aula de Gestão de Eventos. Eu amava muito as aulas dele. Foi nessas aulas que aprendi sobre eventos, e foi o que me ajudou a organizar meu primeiro projeto, o "Bagaceira", que já contei aqui.

Em minha conversa com Mingote para o podcast, ele me disse que a inclusão sempre fez parte da sua vida profissional e da sua trajetória acadêmica, pois sempre estudou o tema, que trazia nas suas pesquisas. Ele acredita que isso também refletiu em seu trabalho na Faculdade Pitágoras. Mingote me falou que a inclusão faz parte do seu cotidiano não somente profissional, mas também familiar, pois ele tem um sobrinho, que adotou como filho, que é uma criança com deficiência. Por ter essa vivência, ele sabe bem quais desafios e necessidades que nós, pessoas com deficiência, enfrentamos. E faz questão de reforçar a importância da família no apoio ao desenvolvimento da pessoa com deficiência.

Eu tive o privilégio de ter minha família sempre me apoiando, e também de encontrar pessoas como a professora Flávia Dias, a professora Nielma Dias, a Neuza Loureiro, o professor Mingote, a assistente social Cristina Abreu, o coordenador do curso de RP Paulo Henrique de Oliveira, a coordenadora acadêmica Zilma Gusmão, e tantos outros que já passaram pela minha vida. Contar com o afeto e o apoio dessas pessoas foi um dos motivos de eu ter conquistado tantas coisas que já conquistei e sigo conquistando.

Não é porque uma pessoa tem uma deficiência ou alguma limitação que ela é incapaz. Isso não é verdade. Temos, sim, outro tempo para desenvolver certas habilidades, mas temos também a capacidade de superar desafios que talvez uma pessoa sem deficiência não tenha. Isso não nos faz melhores ou piores, somos apenas diferentes.

Vejam o meu caso, por exemplo. Meu pai conta que jamais imaginara que eu chegaria à faculdade. Se eu aprendesse a ler já seria uma grande alegria para ele. Ele não tinha muita noção do que uma pessoa T21 poderia realizar se tivesse acesso às oportunidades certas. Além do mais, me amava independentemente de questões como a escolarização ou a vida profissional que eu viesse a construir. Já a minha mãe, ainda que também me ame incondicionalmente, diz que sempre soube que eu poderia conquistar tudo o que quisesse. Por isso, ela nunca deixou de investir esforços para que eu tivesse toda a possibilidade de acesso aos tratamentos e condições que viabilizassem meu desenvolvimento pleno.

Isso é o que a minha história revela: que nós, pessoas com Síndrome de Down, podemos, sim, chegar à universidade. Não que seja um processo fácil, rápido, que não exija investimentos e esforços. Muito pelo contrário: eu precisei contar com todo acompanhamento da família, dos amigos, dos profissionais que me ajudavam no tratamento, dos professores. Também tive professoras de apoio em casa, que me ajudavam com as tarefas da formação. Mas todo esse esforço e investimento valeram a pena.

Por isso, é importante que todas as instituições de ensino percebam o seu papel social e sua responsabilidade em nossa formação. E isso se aplica não somente à escola básica, mas também ao ensino superior. Temos o direito de ocupar os bancos da universidade, de ter acesso a uma formação e de entrar para o mercado de trabalho, como qualquer outra pessoa. É como o Mingote me falou: "É importante dar oportunidade, dar liberdade para que as pessoas mostrem suas habilidades e competências, para que as pessoas com deficiência ocupem os espaços". Eu tive esse espaço na faculdade, pois participava de todas as atividades ofertadas. Participei em sala de aula e atuei nos projetos extraclasse como qualquer outro estudante. Isso foi muito importante para eu me desenvolver, não só nos assuntos de sala de aula, mas sobretudo nas questões relacionadas à prática profissional. Me senti incluída e com espaço para mostrar o meu potencial. Eu fui até destaque acadêmico de Relações Públicas, tanto por nota quanto pela indicação dos professores. Sou muito boa nisso, não é?!

Posso dizer que a conquista da minha formação superior é uma conquista coletiva, pois ela também pertence a todos que me ajudaram a concluir essa etapa. Por isso, preciso mencionar que, além de contar com os professores e toda equipe pedagógica da própria faculdade, conforme já mencionei, em casa eu seguia com professoras de apoio. Quem me acompanhou nessa época foram as professoras Joseane Dias e Valéria Capreta. Lembro que houve uma fase em que eu estava com bastante dificuldade na interpretação de texto e elas estudavam comigo, me faziam perguntas para que eu refletisse. Eu sabia falar toda a matéria que o professor passava em sala de aula, mas encontrava dificuldade na escrita do conteúdo, na elaboração das respostas escritas. Aí, elas me ajudavam a superar essas dificuldades. Elas também me preparavam para a hora da prova e me ajudavam com as tarefas que os professores passavam.

Outra fase muito importante, desafiadora e marcante para mim, durante minha formação em RP, foi escrever meu TCC (Trabalho de Conclusão de Curso). Quando eu comecei a elaborar a ideia do TCC, fui procurar um tema relacionado à contribuição das instituições à causa da inclusão da pessoa com deficiência, pois tal tema combinava com a minha realidade de vida. Por isso, escolhi falar sobre comunicação nas organizações que promoviam a inclusão. Fiz minha pesquisa no Núcleo Assistencial Caminhos para Jesus, onde minha mãe trabalhou e eu fiz meus tratamentos. E foi ótimo, pois além de já conhecer o trabalho realizado lá, eu também conseguia acesso às informações necessárias para fazer a pesquisa.

Durante o processo de pesquisa e escrita do TCC, fui orientada pelo professor Flávio Murta. Eu também seguia contando com o apoio em casa, mas naquele momento somente da professora Valéria Capreta. Estudava textos que me ajudavam a discutir as questões da pesquisa, como livros da professora Margarida Kunsch, que depois pude conhecer pessoalmente no congresso da ABRAPCORP (Associação Brasileira de Pesquisadores de Comunicação Organizacional e de Relações Públicas). O congresso da ABRAPCORP é um evento acadêmico do qual venho participando desde 2020. Foi muito bacana, na edição de 2023, conhecer uma autora de referência da minha área e que eu só conhecia pelos textos. Eu amei!

E sabem o que aconteceu no dia da apresentação do meu TCC? Foi um verdadeiro acontecimento na faculdade! Na minha banca examinadora estavam os professores Wilson Mingote, meu orientador Flávio Cançado Murta, Juliana Dias e Anita Cardoso, que é ex-presidente do CONRERP 3ª região (Conselho Regional de Profissionais de Relações Públicas da região de Minas Gerais e Espírito Santo). Também contei com a presença dos meus colegas de turma e de outros estudantes da faculdade. Havia bastante gente para assistir.

E sabem o que mais? Estava presente a imprensa, cobrindo minha apresentação. Estavam lá a TV Record de BH e a equipe de comunicação da própria faculdade. Todos queriam saber sobre a minha experiência e tive até que dar autorização de uso das minhas imagens. Sou muito chique, não é?! Eu amei e não fiquei nem um pouco nervosa, pois já estava acostumada a falar com o público, a dar palestras. Eu gosto muito desse tipo de coisa. E naquela época eu também já fazia comunicação nas redes sociais, atuando como digital influencer. Meu TCC até viralizou por lá e está no meu IGVT para quem quiser ver, vocês acreditam?!

Apesar de toda a alegria de realizar, concluir e apresentar o meu TCC, fui surpreendida pela triste notícia do falecimento de minha avó materna, minha querida vó Ana, que era muito minha amiga e companheira. Ela sempre acreditou que eu pudesse me desenvolver e me ajudou muito. Foi um momento muito duro ter que me despedir dela. Mas, apesar da dor dessa saudade, eu tenho ela sempre em minha memória e em meu coração. Eu gostaria que ela tivesse participado comigo da apresentação do meu TCC, mas sei que ela, onde estiver, sente muita felicidade por mim e por tudo que venho conquistando. Isso conforta meu coração.

Em 2019, chegou a tão sonhada formatura. Foi um dia incrível! Primeiro, houve a colação de grau no espaço Labareda, um salão bem grande da minha cidade. Eu me vesti com a tão sonhada beca para receber o canudo com o diploma de RP. Foi uma cerimônia impecável e o evento também teve cobertura da imprensa local. No dia seguinte à cerimônia de colação de grau, fui ao restaurante com meus pais para comemorar a conquista. Mas, como boa festeira que sou, é claro que tive festa de formatura – não só uma, foram duas festas. Além das comemorações em restaurantes e bares da cidade, ganhei até flores de um boteco que eu frequento até hoje. Fiquei muito emocionada e feliz.

Mas, falando das minhas festas de formatura, a primeira foi organizada pela minha irmã, minha mãe e meu pai no espaço Sírio Libanês, onde estavam presentes a galera da faculdade, amigos da escola, familiares, professores que participaram da minha formação e os outros profissionais que me acompanharam desde pequena. A segunda festa foi organizada pela galera da faculdade. Foi o baile de formatura realizado pela minha turma, e fomos nós, formandos e formandas, e nossos familiares e amigos.

Hoje, já faz quatro anos que me formei na faculdade (minha formatura foi no dia 13 de agosto de 2019). Sou muito feliz por ser a Primeira Relações Públicas com Síndrome de Down do Brasil. Mas espero que, depois de mim, muitas outras pessoas com deficiência possam também ocupar cada vez mais as universidades, o mercado de trabalho e conquistar tudo o mais que sonharem.

Apesar de saber que minha trajetória é de uma pessoa que vem ocupando espaços sociais que historicamente ainda excluem, segregam e discriminam as pessoas com deficiência, contá-la aqui neste livro é abrir um caminho para que essa história seja reverberada como forma de incentivar e potencializar na sociedade uma perspectiva inclusiva – para que, de fato, todos nós caibamos na escola, na faculdade, no ambiente de trabalho, no mundo e onde mais a gente quiser.

Capítulo 4

UMA VIDA BADALADA: MEU COTIDIANO

VIVER APROVEITANDO A VIDA

Para começar este capítulo, quero dizer que a minha vida é bastante badalada. Digo isso não somente por ter uma agenda cheia de tarefas do meu tratamento para cumprir, por ter compromissos de trabalho e nas redes sociais, mas por não abrir mão de incluir nessa agenda espaços para cuidar da minha vida social, emocional, afetiva e espiritual.

Por isso, sempre que posso, incluo no meu cotidiano, por exemplo, as sagradas horas no salão de beleza, pois mereço me cuidar, não é?! Não abro mão do meu personal e de estar na academia, nem de manter a minha dieta em dia com a nutricionista e cumprir bonitinho as orientações. Tem gente que me fala: "Lu, eu queria ter a sua disciplina!", "Admiro como a Lu consegue manter a dieta dela e os treinos certinhos!", "Lu, você me inspira!". Mas confesso que, de vez em quando, eu dou uns pulinhos fora dessa rotina, porque ninguém é de ferro. Toda sexta-feira à noite, aos sábados e aos domingos, eu me permito sair da dieta e quebrar a rotina. Chuto o balde nos finais de semana e durante a semana eu busco o balde... e assim a vida segue!

Incluo também na minha agenda da vida os passeios que tanto amo, as curtidas na balada e barzinhos com amigos e família, ir à missa e fazer minhas orações, pois sou grata a Deus por tudo em minha vida. Em minhas orações, eu sempre agradeço pela paz, pela saúde e pela vida, e peço sabedoria, inteligência e tolerância. Outra atividade da qual não posso esquecer de falar, e que gosto bastante de incluir na minha vida, são as viagens. Amo viajar!!!!

VIAJAR PARA EXPANDIR HORIZONTES

Viajar é umas das minhas atividades favoritas. Não importa o motivo da viagem, se é uma viagem de família, de férias, uma viagem curta ou longa, se será para alguma cidade do Brasil ou para qualquer outro lugar no mundo. O que eu gosto mesmo é de desbravar culturas, conhecer pessoas e lugares.... e aproveitar cada experiência que uma viagem pode proporcionar.

Viajo com minha família desde muito pequena. Afinal, como não me canso de contar neste livro, sempre fui incluída em todas as atividades e agendas. Não sei dizer bem qual foi a primeira viagem que fizemos juntos, mas sei dizer que a primeira viagem de que eu lembro aconteceu em 1997. Eu estava com 4 anos e nós fomos para Porto Seguro, na Bahia. Já falei que eu amo a Bahia?! Foi minha família inteira – um verdadeiro bonde. Meus pais, minha irmã, minha madrinha Maria Luisa, meu tio Antônio, minhas avós e eu, foi uma galera!!!! Outra viagem com minha família de que lembro bem foi para o Espírito Santo. Lá, visitamos várias praias e fomos ao shopping fazer compras. E eu até me perdi na escada rolante. Detalhe: eu sempre tenho histórias com escadas rolantes. Depois vou contar uma outra, que foi bem divertida. Mas, voltando a essa viagem, me perdi e meus pais ficaram preocupados, me procurando no shopping. Depois, me acharam no outro andar, pois eu tinha resolvido brincar de descer e subir toda hora na escada rolante. Sempre fui sapeca!

Lembro também da minha primeira viagem internacional. Foi para a Argentina, com meus pais. Eles não sabiam nada de espanhol e sabem quem teve que traduzir tudo para eles? Euzinha, pois sempre gostei muito dessa língua desde a época da escola e até brincava de falar espanhol na sala de aula. Além disso, eu era muito fã de Rebeldes, que é uma novela mexicana, e gostava das músicas e cantores latinos, como o Alejandro Sanz e o Luis Miguel.

Essa viagem foi muito divertida e me rendeu muitas histórias engraçadas. Um dia, minha mãe tentou comprar um sorvete, mas ela não sabia como pedir em espanhol. Ela começou a fazer gestos para o moço da sorveteria, mas ele não entendia nada. Pelo gesto que minha mãe fazia, levando a mão à boca, ele pegou um canudo e deu a ela. Eu ri demais da conta, fui lá e disse para ele: "Helado, mi madre quer un helado pra tomar". Mandei o meu portunhol e, no final, não tinha o sorvete que ela queria, coitada! Tem base?!

Em outro dia, fomos ao shopping... E é aqui que entra a minha outra história com escada rolante, mas essa história quem conta melhor é o meu pai. Quando conversei com ele e perguntei sobre uma história nossa juntos, ele contou sobre esse dia:

> Teve um ano em que nós viajamos para a Argentina. Num dos dias da viagem, fomos ao shopping. Quando chegamos lá, tinha uma escada rolante bem bacana. Aí, subimos e chegamos lá no topo, onde tinha um outdoor imenso, de uns $50m^2$, que tinha a foto de um cara todo saradão fazendo propaganda de uma cueca. E você, Luísa, ficou passando as mãos no queixo, em movimentos indicando que estava limpando algo. Eu falei: "Luísa!" Você falou: "Pai!" E apontou para lá, para aquela imagem enorme daquele cara, e continuava passando as mãos debaixo do queixo. Aí eu falei: "o que é isso, Luísa?" E você disse: "Eu estou babando, pai, olha lá!". Aí eu falei "Luísa, eu vou pegar você de couro". Rsrsrs. Isso eu não vou esquecer nunca, foi muito engraçado.

Eu também me lembro disso até hoje, e sempre que posso prego essas peças no meu pai, adoro!!! Teve uma outra vez que fiz a mesma pegadinha com ele, mas isso foi em outra viagem, em Vitória, no Espírito Santo. Nós fomos ao shopping e tinha uma vitrine com a foto de um homem de sunga na praia. Parei diante dela e fingi que estava passando mal. Eu botei a mão no peito e falei: "Ah, pai, eu estou passando mal, eu tô passando mal!". Meu pai se assustou e me disse: "Uai, Luísa, o que que foi?". "Ai, pai, eu tô passando mal, olha lá!". Foi aí que ele viu a foto do cara "malhadão" de sunga e me falou: "Luísa, eu vou pegar você. Eu assustei achando que você estava passando mal de verdade. Você não tem juízo não, Luísa?!". Coitado, dei um susto nele, mas foi muito engraçado!

Meu pai é meu grande amigo e a gente gosta de fazer tudo junto. Ele também é apaixonado por viagens, até trabalha viajando, conhece muitos lugares nesse mundo. Em Minas Gerais, ele conhece todo canto. Tenho certeza de que essa minha paixão por viagens veio dele. Herdei dele muitas outras paixões também, principalmente a paixão pelo Cruzeiro, nosso time do coração.

Meu pai é uma pessoa muito engraçada e divertida. Nós temos muitas brincadeiras juntos. Além dessa mania que tenho de pregar peças nele, a gente, sempre que viaja ou passeia de carro, gosta de brincar fazendo imitações e de ficar falando em outra língua, que a gente inventa. Fingimos que falamos japonês, espanhol, inglês... e isso deixa nossa viagem muito divertida, tanto que a gente nem percebe o tempo passar. Eu amo!

Mas uma das coisas que eu mais gosto de fazer com meu pai, e que sei que para ele também é um momento especial, são as nossas idas ao estádio do Mineirão para assistir as partidas de futebol e ver o Cruzeiro jogar. Eu até perguntei a ele sobre o que mais ele gosta de fazer junto comigo, e sabem o que ele me disse?

> Ah, Luísa, eu gosto de fazer tudo junto com você, adoro viajar com você, adoro brincar com você, mas ir ao campo com você não tem igual. Você é a maior parceira de campo do pai. É muito especial isso pra mim. Eu adoro ir ao estádio com você e ver você com aquela alegria. É incrível estarmos nós dois juntos ali e depois sairmos pra tomar um drink, comer alguma coisa. É muito bom, isso é o especial nosso!

Meu pai é mesmo uma cara superbacana e para mim também é muito especial fazer tudo com ele, eu amo esse cara!

Pela América Latina, depois que conheci a Argentina, já tive a oportunidade de visitar outros países, como Chile e Uruguai, e amei cada experiência. Mas, em 2019, quando eu estava com 26 anos e já quase concluindo a faculdade, fui conhecer mais um país.

Minha irmã estava dirigindo e de repente no celular dela aparece um anúncio de promoção de passagem para os Estados Unidos (EUA), com um preço bastante em conta. Ela não pensou duas vezes e comprou quatro passagens para irmos em família. Parece uma história comum e até poderia ser, se não fosse pelo fato de somente ela ter visto de entrada no país e meus pais e eu não, tem base? Essa Alice é muito ousada!

Com as passagens compradas, fomos nós correr atrás do visto e aproveitar mais um rolê nas terras cariocas. Agendamos no consulado uma sexta-feira e deu tudo certo, foi visto na mão e curtição de fim de semana nas praias do Rio de Janeiro.

Com tudo resolvido, minha irmã e eu pesquisamos alguns roteiros de atividades para fazermos por lá: passeios, restaurantes, pontos turísticos etc. Fomos conhecer, além de Miami, Nova York e Orlando. Em Nova York, era uma época de frio e eu passei tanto frio que pensei que ia virar um picolé. Mas ainda bem que depois eu fui para Orlando e Miami, cidades onde o clima já era de calor. Nelas, me senti muito melhor, pois prefiro calor e não gosto muito de frio. Afinal, eu nasci na primavera e já é um clima mais quente. É a melhor época do ano para mim.

Depois, em 2020, eu fiz outra viagem para os EUA. Daquela vez, fui para Califórnia e Las Vegas. Na Califórnia, em Hollywood, eu conheci a calçada da fama e tinha até o nome Alice lá. Minha irmã tirou foto para dizer que era ela a famosa. Essa Alice é engraçada, viu?! Foi uma viagem espetacular, pois conheci várias cidades em um tour de carro, rodando mais de dois mil quilômetros. Fizemos a rota 66, iniciando no quilômetro zero dessa rota com destino a Las Vegas. No caminho, conhecemos cidades fantasma, restaurantes que faziam parecer que eu estava em um filme. Mas é preciso dizer que essa rota pode parecer assustadora para quem não se preparar, pois dificilmente você encontrará algum ponto de apoio. É um deserto, e o que você pode esperar de lá é encontrar as cidades e muitas outras coisas legais que um dia foram construídas, mas hoje funcionam somente como pontos de visitação.

Vale dizer que essa viagem foi em pleno Carnaval, mas, como eu não perco uma festa, em Las Vegas eu fui conhecer os cassinos com minha família e baladas com minha irmã e os amigos dela, foi incrível! Fui a uma balada muito famosa, a Omnia Nigthclub, que está localizada no Hotel Caesar's Place em Las Vegas, e foi ótimo. Assisti ao show do DJ Steve Aoki e dancei muito!!!!

PELO DIREITO DE DESBRAVAR O MUNDO E DE BEM VIVER

Os passeios e viagens que faço em família sempre foram muito bacanas. Mas, ultimamente, eu não estou saindo muito. Bem, não tanto quanto gostaria, e isso me chateia. Na verdade, posso estar sendo um pouco dramática, pois saio bastante com meus pais, amigos e até com os colegas do trabalho. Mas eu sinto muita falta da companhia da minha irmã, pois agora ela já está casada, tem uma filha, o trabalho, e ainda por cima mora nos EUA, longe de mim. Eu entendo que a vida muda e a dela mudou também, mas logo a minha sobrinha cresce mais um pouco, minha irmã vem mais ao Brasil e eu vou visitá-la. Vamos dar um jeito de programar outras saídas juntas. Inclusive eu já até curti o Carnaval com minha irmã em 2023 nos EUA, conforme contei para vocês anteriormente, né? Mas vou continuar fazendo meu drama de vez em quando.

Eu levo a vida numa boa e meus pais me dão a liberdade de conhecer e desbravar o mundo, seja na companhia deles ou de amigos. Para eles, é importante eu aproveitar as experiências que a vida me oferece e eu gosto de mergulhar em cada experiência. Por isso, sempre que alguém me convida para um rolê e me avisa antes, me programo, e bora curtir a vida. Com as viagens, também é assim. Inclusive eu já fiz três viagens a trabalho, duas para o Rio de Janeiro e uma para o México, acreditam?! Mas sobre essas experiências das viagens a trabalho vou contar mais pra frente.

Por ora, o que quero deixar neste capítulo como inspiração para vocês que encontraram a minha história nessas linhas, é que, sempre que puderem, não deixem de se divertir, viajar ou simplesmente apreciar bons momentos com quem vocês amam. Essas experiências tornam nossas existências cheias de alegria e sentido. Por isso, devemos defender um mundo com menos preconceito e desigualdade; um mundo em que as pessoas, quaisquer que sejam as suas singularidades, possam ter o máximo de oportunidades de expandir os horizontes, desbravar o mundo e viver em plenitude.

Capítulo 5

INFLUENCIADORA E EXPEDICIONÁRIA

DA DIVERSÃO À MOBILIZAÇÃO

Ter uma vida badalada e com muitas tarefas para fazer sempre fez parte da minha essência, do meu jeitinho Luísa de ser. Muitas pessoas ficam curiosas sobre mim, quando ouvem a minha história, e eu gosto de contá-la, pois acho que o meu exemplo ajuda as pessoas com deficiência e as famílias delas, por mostrar que é possível e muito necessário enfrentar os preconceitos e o capacitismo. Por isso, sempre fiz questão, em minhas palestras, de reforçar que é preciso dar oportunidades para que tenhamos uma vida digna e boa, tanto profissional quanto pessoalmente.

Além das palestras, que se tornaram uma prática ao longo de toda a minha vida adulta, encontrei nas redes sociais um espaço democrático no qual eu poderia mostrar um pouco sobre mim, contar a minha história, compartilhar minhas experiências, para que, assim, outras pessoas pudessem conhecer um pouco sobre a vida de uma pessoa com Síndrome de Down.

O Instagram é a minha maior ferramenta. Lá, eu compartilho nos meus Stories um pouco da minha rotina. É um espaço em que busco me comunicar com o mundo. Hoje, eu sou uma influencer em ascensão. Mais de 12 mil seguidores me acompanham, conhecem um pouco da minha história, assistem meus vídeos, comentam meus posts e interagem comigo por lá. Eu me sinto uma pessoa também incluída no mundo digital.

Essa história de influencer começou despretensiosamente na minha vida, em 2018, com minha primeira publicação no Instagram. Na verdade, desde 2011, aos 18 anos de idade, eu já tinha um perfil no Facebook. Por lá, eu já gostava de compartilhar muitas fotos minhas – na escola, com a família, com os amigos, nos passeios... Depois, eu migrei para a rede do Instagram, já com 25 anos, com o mesmo objetivo.

Minha primeira publicação foi a comemoração de Réveillon com minha irmã e uma amiga, desejando ao mundo um Feliz 2018! Eu nem imaginava que um dia eu iria virar uma digital influencer. Desde a primeira publicação até os dias atuais, quando escrevo essa história, minha conta do Instagram foi ganhando uma outra finalidade e aumentando o engajamento, gradativamente.

Aos poucos, fui entendendo que aquela rede, além de servir como um espaço de entretenimento para mim e de registro de minhas memórias, poderia ser também um espaço de mobilização social. Até que finalmente compreendi que, a partir da minha vida que por lá é compartilhada, outras pessoas podem se inspirar. Percebi que a minha experiência de busca constante por ser protagonista da minha própria história, desafiar preconceitos e lutar pelo acesso a todas as oportunidades, poderia motivar outras pessoas a se engajarem na luta contra o capacitismo e na busca por (re)escreverem suas próprias histórias.

Assim, eu, Luísa, que fui apresentada ao mundo desde que vim ao mundo, fui também apresentada ao mundo digital e virtual: um espaço em que também circulam o ódio e o preconceito, mas que podemos ocupar para que a minha história e muitas outras histórias de vida de pessoas com deficiência sejam contadas. Redes sociais como o Instagram podem ser ocupadas para que vidas, que até pouco tempo atrás eram invisibilizadas na sociedade, se façam visíveis e afirmem o seu valor.

Como digital influencer, produzo um conteúdo relacionado à minha vida cotidiana. Mostro como busco estar de bem com a vida, minha rotina, meus gostos, meu trabalho. Também falo da experiência de ser a primeira Relações Públicas com Síndrome de Down do Brasil. A partir das minhas experiências, busco levar às famílias e à sociedade uma mensagem: que nós temos a capacidade de conquistar autonomia e viver plenamente, e que a diversidade é uma grande potência para o desenvolvimento da sociedade. Afinal, por sermos diversos, podemos combinar e aprender com infinitas formas de experimentar a vida. Isso enriquece a nossa humanidade.

UM ESPAÇO DE LUTA ANTICAPACITISTA QUE NÃO PARA DE CRESCER

Esse é o caminho que espero alcançar como digital influencer: fazer das minhas redes um meio de comunicação capaz de ajudar a sociedade a compreender e acreditar que nós podemos fazer tudo, desde que tenhamos acesso a tratamentos e a oportunidades de inclusão educacional e profissional, e que contemos com o apoio da família, dos amigos e de pessoas que se disponham a ser nossos parceiros na concretização dos nossos sonhos.

Durante esse tempo que atuo como influencer no Instagram, conheci muitas pessoas. Muitas oportunidades de ser conhecida também surgiram através do meu trabalho por lá. Como Relações Públicas que sou, a comunicação é o meu grande campo de atuação. Por isso, uso a plataforma como um grande canal de comunicação. Sou uma RP influencer e adoro!!! Nunca deixo de levar informação e alegria para os meus seguidores!

O período crítico da pandemia, em 2020, foi o momento em que eu estive mais ativa no Instagram, pois procurei fazer lives, conversas online com instituições e palestras virtuais para falar sobre a minha história de vida. A palestra "47 Cromossomos e Infinitas Possibilidades"[2], em que eu falo da minha experiência para tratar da luta contra o capacitismo, abria a maior parte da minha participação em conversas nos ambientes virtuais para as quais fui convidada. Naquele tempo, foram muitos os convites para bate-papos, tanto para falar sobre inclusão, como para falar sobre Relações Públicas.

Além das palestras virtuais e dos bate-papos no Instagram, claro que eu não ia ficar de fora das modinhas, não é? Então fiz vários challenges (vídeos com situações inusitadas, que foram uma febre naquela época) e dancinhas. Também criei uma campanha para des-

2 As células do corpo das pessoas com Síndrome de Down têm um cromossomo 21 a mais. Assim, ao invés de 46 cromossomos, as células dessas pessoas possuem 47. O título da palestra faz alusão a essa peculiaridade genética.

construir a ideia de que nós, pessoas com Síndrome de Down, não podemos fazer certas coisas como trabalhar, viajar, estudar, namorar etc... tem base?! Então fiz vários vídeos sobre isso, que estão lá no feed do meu Instagram.

Minha rede social foi se reafirmando cada dia mais como um espaço anticapacitista e, para mim, representar a pessoa com deficiência, as pessoas com Síndrome de Down e ser porta-voz da pauta da inclusão é uma alegria e honra muito grande. Por isso, por lá também faço questão de compartilhar as publicações que escrevo no site e no Podcast Inclusive Luísa – que são outras frentes em que atuo e sobre as quais também contarei neste livro.

UMA EXPEDIÇÃO PELOS CAMINHOS DO PROTAGONISMO E DA AUTONOMIA

Quero contar também sobre uma outra experiência que surgiu na minha vida em 2022, que ampliou meus horizontes como digital influencer, fez crescer muito a minha rede de diálogos com pessoas com Síndrome de Down, e me possibilitou tornar mais amplo até mesmo o meu olhar sobre questões relacionadas à inclusão. Estou falando da Expedição 21. A Expedição 21 é um projeto que realiza diversos encontros que reúnem jovens com T21 de lugares distintos do Brasil, ao longo de quatro dias. Nesse período, esses jovens passam por experiências cotidianas da vida adulta que estimulam sua tomada de decisão e a construção de sua autonomia.

As vivências proporcionadas pelos encontros imersivos do projeto nos ajudam a mudar nossa postura e a compreender quem somos, o que queremos e aonde queremos chegar. Digo isso tendo como base a minha própria experiência enquanto participante da segunda edição da Expedição 21. Para mim, também foi uma rica oportunidade de aprender a ter rapidez e agilidade com a rotina. Ao vivenciar toda a agenda planejada para cada dia, eu precisava me organizar para participar das palestras, das festas, dos desafios. Precisava também cumprir tarefas como arrumar minha cama, lavar louças, cozinhar. O desafio era cuidar tanto da rotina de uma casa, quanto dar conta de atividades da vida pessoal e social que eram propostas para nós durante a imersão.

Das experiências que vivi na Expedição 21, um dos desafios era a tarefa de cozinhar com os alimentos que estavam disponíveis na cozinha. E lá fui eu, com todo o meu conhecimento culinário – que é o de fazer um café e servir de auxiliar de cozinha – preparar o alimento para toda a galera da Expedição. Encontrei um pacote de arroz e cenouras e resolvi fazer uma panelada com esses dois ingredientes. Até que mandei bem, pois ficou uma gororoba bem gostosa!!!!

Durante os dias em que fiquei imersa na Expedição 21, claro que senti falta da minha família, mas, com a convivência na casa, fiz muitos amigos e criei novos laços. Era muita gente bacana lá. Tenho contato com todos até hoje e de vez em quando eu converso com alguns. Já até entrevistei em meu podcast alguns amigos da Expedição 21 e o próprio Alex Duarte, criador, mentor e executor do projeto. Curioso para mim foi quando eu conversei com ele no meu podcast e perguntei se a inclusão da pessoa com deficiência sempre foi algo presente na vida dele. Fiz a pergunta porque é bastante comum se envolver com a causa quem já tem alguma experiência de vida com pessoa com deficiência. Mas ele me contou que com ele foi diferente. Ele me disse:

> A questão da inclusão da pessoa com deficiência não fazia parte da minha vida não, Luísa. Faz muito pouco tempo que eu, de fato, vivo essa questão no meu dia a dia. Há treze anos, eu estava me formando na minha primeira graduação, que é na área de Publicidade e Propaganda/Comunicação Social, e eu estagiava num jornal chamado A Notícia, no interior do estado do Rio Grande do Sul. E, naquela época, eu trabalhava

como redator, e surgiu pra mim a tarefa de entrevistar uma jovem com Síndrome de Down que tinha sido aprovada no vestibular para Nutrição, sem nenhuma cota. Até o momento em que aquela jovem, chamada Adriele Lopes Pelentir, se sentou na minha frente, na mesa de redação, eu nunca teria imaginado que alguém como ela tivesse grandes possibilidades pra de fato ter sido aprovada no vestibular pra Nutrição. Então, passei a desconstruir o olhar capacitista e me envolver com a causa da inclusão dessas pessoas.

A minha história não é muito diferente da de Adriele, que o Alex me contou, pois eu ter me graduado ainda é algo sobre o que muitas pessoas têm curiosidade em saber e se surpreendem. Muitos outros jovens com SD já têm conquistado oportunidades como essa que a Adriele e eu tivemos, mas ainda existem muitos outros – a grande maioria, infelizmente – que não tiveram e não têm essa mesma oportunidade. Por isso, é importante atuar como digital influencer, ser uma voz que conta a própria história, dialoga e narra tantas outras nas redes sociais e nos projetos que criei junto da AIC – Agência de Iniciativas Cidadãs (instituição em que trabalho), como o Inclusive Luísa (contarei mais detalhes desse projeto em capítulos posteriores).

Usar as redes sociais e todos os meios de comunicação possíveis para tratar do tema, criar e me envolver em projetos com e para pessoas com Síndrome de Down – como o Bagaceira, o Educação Inclusiva (projeto executado pela AIC, no qual atuei) e a Expedição 21, criada pelo Alex Duarte, e muitos outros. Essas são importantes formas de exercer meu papel de cidadã que luta por uma sociedade inclusiva.

Capítulo 6

AIC E CONRERP: ESPAÇOS DE TRABALHO, AFETO E LUTA

Eu gosto muito de trabalhar! Desde que comecei no Super Nosso, o trabalho faz parte da minha vida e me dedico muito para ser uma profissional de excelência. Busco aprender sempre mais e superar cada desafio que surge.

Uma vez, quando eu trabalhava no Super Nosso, precisava pegar uma mercadoria que estava em uma prateleira bem alta e eu não alcançava, daí precisei pegar uma escada para buscar o produto. Parece uma tarefa simples, mas para mim era um grande desafio, pois, por conta da minha condição de pessoa com Síndrome de Down, manter o equilíbrio, sobretudo em um local alto, não é das tarefas mais simples. Mesmo assim, superei o temor que senti, me concentrei bastante e consegui executar a tarefa necessária naquele momento. Era raro eu passar por situações estressantes, pois havia pessoas que me ajudavam quando eu precisava. Mas entendo que superar meus limites, naquele momento, foi importante.

EU + AIC: ORIGENS DO ENCONTRO QUE "DEU MATCH"

Como já contei por aqui, precisei deixar o Super Nosso para me dedicar à faculdade de Relações Públicas, então encerrei assim o ciclo da minha primeira experiência profissional. Depois, durante a faculdade, criei uma palestra sobre minha história de vida. Percebi que era importante contar a minha experiência para inspirar pessoas e organizações, por ser, àquela época, a primeira pessoa com Síndrome de Down a cursar a graduação em RP no Brasil.

Naquele movimento de ministrar palestras, passei a receber vários convites. Um dia, fui convidada pelo Instituto Mano Down para levar a palestra ao público deles. A notícia dessa palestra apareceu em várias mídias sociais e veículos de comunicação impressos e digitais, como no jornal O Tempo. E foi assim que minha história começou a ganhar novos capítulos, pois fui descoberta pela Agência de Iniciativas Cidadãs, a AIC, onde atuo como RP até hoje e desenvolvo meus projetos.

Naquela época, a Karla Damiani, uma colaboradora da AIC, me procurou para saber sobre minha história. Perguntei a ela como tudo aconteceu, e ela me disse o seguinte:

> Você entrou na minha vida, e na vida da AIC, num momento em que eu estava muito envolvida com o tema da inclusão, pois atuava no Educação Inclusiva, projeto que era realizado pela Vale e desenvolvido pela AIC. Ele foi implantado em dezenas de escolas públicas, de várias cidades brasileiras. A AIC implantou, nas escolas, salas de recursos multifuncionais (espaços dotados de recursos para promover a acessibilidade das pessoas com deficiência aos conteúdos e práticas escolares). Além disso, promoveu a formação de gestores e professores para tornarem as aulas, as relações e os espaços das escolas mais inclusivos.
>
> Então, por conta do projeto em que atuava, eu lia muita coisa e acessava muitas notícias sobre o assunto. Quando a gente fica atenta e passa a pesquisar um tema, coisas sobre esse tema passam a aparecer mais diante de nós, não é? Um dos motivos disso é a própria lógica das redes sociais, dos algoritmos. Os seus temas de interesse são automaticamente identificados pelas redes e você passa a receber mais conteúdos sobre eles. Então, por conta desse tipo de coisa, um dia me deparei com uma matéria sobre você no jornal O Tempo. Eu li a chamada "Primeira Relações Públicas com Síndrome de Down do Brasil", e pensei: "gente, como é que eu, interessada no tema e uma profissional de RP, não sei disso?"
>
> Li aquela matéria e descobri que você era daqui de Belo Horizonte. Eu nem acreditei e fiquei super interessada! Era de noite e eu mandei a matéria pra Rafaela Lima (a Rafa, presidente da AIC), e falei meio brincando: "Rafa, vamos contratar ela"!? Aí a Rafa levou a sério e falou: "Vamos!". A Rafa topou bem na hora.

> Eu até assustei, falei: "Sério, Rafa!?". E ela disse: "É sério, vamos conhecê-la!". Aí, fiquei sabendo que você daria uma palestra no Instituto Mano Down e nos duas nos inscrevemos e fomos lá conhecer você. Aí "deu match", deu tudo certo.

O resultado disso foi o seguinte, gente: eu estava tranquila ministrando minha palestra no Instituto Mano Down, sem nem sonhar que aquela palestra me abriria outras oportunidades, sobretudo de atuação na área em que estava me formando. Foi quando, ao final da palestra, a Karla e a Rafa foram até mim para conversar. A Rafa inclusive me disse, naquele dia, que havia enviado uma mensagem pro meu Facebook falando que estava querendo me conhecer e me contratar. Naquela nossa primeira conversa, ela até brincou, dizendo que nem dei bola para a mensagem dela. Mas, na verdade, eu ia responder depois que voltasse da palestra, porque na hora em que vi a mensagem estava ocupada com outras tarefas e não consegui parar para respondê-la. Ainda bem que elas foram me conhecer pessoalmente e tornaram aquele dia mágico para mim.

MEUS PRIMEIROS PASSOS NA AIC

Minha chegada na AIC foi incrível! Além da emoção que me tomava por ter a minha carteira assinada como Relações Públicas, minha profissão de formação, eu também me senti muito acolhida, desde o momento em que cheguei na instituição. Lá, conheci vários colegas de trabalho e me apaixonei muito.

Falar dessa etapa da minha vida que ganha novos capítulos a partir da minha entrada na Agência de Iniciativas Cidadãs é também falar sobre inclusão e sobre o quanto espaços como o da AIC são importantes para nós, pessoas com deficiência, construirmos autonomia e sermos reconhecidos enquanto profissionais pela sociedade.

Fiquei muito feliz por ter encontrado um lugar de trabalho que tinha tudo a ver comigo! Por isso, sei que sempre vou ser uma pessoa realizada profissionalmente. Tenho minha carteira assinada como Relações Públicas e posso exercer a minha profissão do jeito que acredito, produzindo conteúdos e ações para promover a causa da inclusão. Não cansarei jamais de dizer o quanto fiquei emocionada com o primeiro emprego como Relações Públicas e o quanto me senti honrada em trabalhar na AIC, pois amo a minha profissão e é muito especial exercê-la numa instituição na qual acredito muito.

Antes de falar um pouco mais sobre minha chegada na AIC e sobre as experiências que tenho vivido por lá, penso ser importante falar para vocês um pouco sobre esse espaço que é a AIC. Mas, para me ajudar a contar sobre essa instituição que tem como premissa promover a cidadania e mobilização social, trago neste momento o trecho de uma conversa que tive com a Rafa, no qual ela conta um pouco da trajetória e da profissão dela até a criação da AIC.

> Eu sou jornalista de formação. Mas quando eu entrei para o curso, nos anos 1990, eu me decepcionei um pouco com o jornalismo, porque normalmente os processos de produção das reportagens não são muito dialógicos... Na minha opinião, não existe muito espaço pra troca verdadeira na prática jornalística tradicional. Os veículos concentram o poder de construir informação, por vezes inclusive se valendo de manipulações, e as pessoas não têm suas falas respeitadas, em muitos casos.
>
> Então, nos meus anos de faculdade, eu tinha uma visão bem crítica da profissão, e estava até me desanimando. Mas tive a sorte de participar de uma TV comunitária, que era um projeto de extensão da UFMG cuja proposta era construir um programa de televisão junto com as comunidades dos bairros Paulo VI Ribeiro de Abreu (localidades periféricas de Belo Horizonte). Isso aconteceu em 1993. E aquela experiência de comunicação comunitária mudou minha vida. Eu pensei: "eu

quero fazer isso! Eu quero fazer essa comunicação diferente da que está aí!".

O grupo envolvido com aquele projeto, cujo nome era TV Sala de Espera, se empolgou muito com a iniciativa. O projeto terminou em 1996, mas nós não nos conformamos. Seguimos atuando voluntariamente em ações de comunicação comunitária e no ano seguinte, 1997, decidimos formalizar o nosso grupo como uma ONG, uma organização da sociedade civil. Foi assim que a AIC nasceu... e o resto é história!

E põe história nisso! Eu me orgulho e sou muito feliz em ser também parte das linhas escritas na história da AIC. Mas deixa eu contar como minha trajetória na instituição começou e se desenvolveu.

Eu cheguei na AIC em 7 de outubro de 2019 – uma data muito especial para mim, que gosto sempre de lembrar e de comemorar. Nessa data, eu sempre comemoro meu aniversário de AIC e eu fico muito feliz! Pena que, quando eu fiz um ano de AIC, a gente estava em meio a uma pandemia e não foi possível fazer uma festa para comemorar, mas lembro que recebi uma grande surpresa: a galera da AIC me entregou diversas cartinhas e flores em homenagem a mim e ao meu trabalho como Relações Públicas. Fiquei muito emocionada e me senti muito amada por todos na AIC. É por isso que sempre repito que lá é muito amor envolvido!!

Eu cheguei ainda na antiga AIC... Digo antiga me referindo a duas mudanças que aconteceram. Primeiro, aconteceu a mudança do nome. Quando ingressei, era Associação Imagem Comunitária (nome original da ONG). Mas, em 2020, mudou para Agência de Iniciativas Cidadãs – nome que indica um campo de atuação bem mais amplo para a organização, que foi fundada para um trabalho de comunicação, mas passou a atuar em muitas outras áreas ligadas à promoção da cidadania. A segunda mudança foi de endereço da sede, que aconteceu em 2021.

MINHA VIDA DE AICER

Logo que ingressei na ONG para trabalhar como RP, fiquei na área de projetos, comunicação e parcerias institucionais da AIC. Dentre minhas tarefas, estavam a atualização de mailing, fazer contatos para mobilizar as pessoas para as atividades, ajudar na produção de materiais sobre educação inclusiva. Atuei no projeto Educação Inclusiva gravando vídeos, sendo cerimonialista e palestrante.

Eu também redigia textos informativos institucionais, atuava no gerenciamento do Instagram de entidades parceiras, com curadoria de fotos publicadas, e produzia conteúdos (stories e publicações) ligados à AIC, que eram publicados nas redes da entidade e na minha rede social. Tudo isso foi em 2019, antes da pandemia.

Buscando na memória os relacionamentos que construí na AIC, eu me lembro de muitas pessoas que me receberam e foram passando pela minha vida dentro da instituição. Conheci muita gente! Se eu for citar aqui, vai ficar difícil terminar a lista, pois foram várias as pessoas com as quais eu trabalhei – foram tantas que vocês nem imaginam!

Rememorando também os projetos em que atuei, foram projetos demais, também! Vou dar alguns exemplos para vocês. Trabalhei no Educação Inclusiva, conforme já mencionei. Foi um projeto em que me envolvi muito, e no qual atuei mais diretamente com a equipe. Foi muito legal contribuir com um projeto tão lindo! Ele até nos rendeu um prêmio, chamado "Ser Humano", e foi muito legal representar a AIC na cerimônia de premiação.

Atuei no Conexão Comunidade[3], fazendo transcrições e dando apoio à produção. No Vale Cuidar[4], eu fiz muitas reuniões com a equipe, apoiando no planejamento das atividades. Apoiei o setor de comunicação institucional da AIC na produção de conteúdos para redes sociais. Estive em formações e eventos da "Agência de Comunicação

3 Informações sobre o projeto estão disponíveis no site: www.conexaocomunidade.org.br.

4 Informações sobre o projeto estão disponíveis na página: https://aic.org.br/saberes-compartilhados/caderno-formativo-ciclo-de-webinarios-vale-cuidar/.

Solidária / AIC Lab"[5]; junto com a Rafa e com a Emanuela São Pedro (a Manu) participei de formações e palestras que a AIC deu para alunos da UFMG... É muita coisa, gente!

Também fui designada a dar um apoio à Sabic – Associação dos Amigos das Bibliotecas Comunitárias, ONG parceira da AIC. Para a Sabic, fiz curadoria de fotos, stories e publicações. Ajudei bastante nas redes sociais da entidade, porque sou influencer, né?! Ah, eu participei do clube da leitura também na Sabic, até 2022.

Depois, em 2020, criamos na AIC o projeto Inclusive Luísa, no qual atuo até hoje. Ele é um capítulo à parte, pois é o grande projeto do meu coração! Já já falo dele para vocês!

A AIC para mim foi uma grande virada como profissional, pois toda experiência que lá pude viver me ensinou e me ensina até hoje. Sempre me senti muito reconhecida como uma profissional capaz de alcançar o que desejasse. Também sempre fui muito respeitada e motivada pelas equipes da AIC.

Das oportunidades que surgiram em minha vida desde minha chegada na AIC, uma delas foi a de viajar pela primeira vez a trabalho, sem a companhia de meus familiares. Como já contei aqui, em capítulos anteriores, viajar sempre foi uma paixão. Faço isso desde muito pequena. Mas, ao viajar a trabalho, com meus colegas de profissão, para exercer minha atividade de RP e influencer, não consigo nem explicar a emoção que senti.

Falando um pouco da experiência da minha primeira viagem a trabalho, ela aconteceu no projeto Educação Inclusiva, quando precisamos ir até Itaguaí, no Rio de Janeiro, para a abertura da formação de professores/as inscritos/as no projeto. A atividade fazia parte da agenda de planejamento formativo do projeto Educação Inclusiva, e eu fui a mestre de cerimônia e palestrante do evento de abertura. Vocês acreditam que teve até cobertura da impressa

5 Informações sobre o projeto estão disponíveis na página: https://aic.org.br/atuacao/fortalecimento-da-sociedade-civil/aic-lab/.

local para registrar o evento? Eu até fui entrevistada! Amei, pois adoro uma câmera e um microfone!!!

Fomos a Karla e eu para Itaguaí. E, apesar de ter sido uma viagem rápida, um bate-volta entre BH-RJ, foi muito especial poder viver aquilo... Me senti uma profissional e tanto!!! Logo depois de tal viagem, as coisas mudaram muito no mundo, e no desenvolvimento dos projetos da AIC não foi diferente. Quem iria imaginar que logo em seguida aconteceria uma pandemia, causada por um vírus, que obrigaria todos nós a ficarmos em nossas casas, sem contato físico uns com os outros?

A pandemia foi um tempo muito difícil para todas as pessoas, e comigo não foi diferente. Logo eu, que gosto tanto de estar com as pessoas, de viajar, de festas e baladas, de botecos com os amigos e estava vivendo o melhor momento da minha vida profissional! Foi um balde de água fria! Precisei aprender a desenvolver estratégias para enfrentar aquele momento. O tempo todo, eu pensava: "logo isso tudo vai passar!". Bem, não foi tão logo quanto eu gostaria, mas passou, mesmo que ainda tenham ficado muitas sequelas de todo aquele sofrimento que marcou a história da humanidade. De todo modo, foi um alívio quando todo aquele período de tensão, medo e tristeza terminou.

Apesar de todas as dificuldades, durante a pandemia, outras oportunidades de atuação profissional surgiram para mim. Uma delas acabou sendo algo novo e um diferencial na minha trajetória: a escrita de artigos. Fui convidada pela Rafaela Lima e pela Karla Damiani para escrever um artigo para o congresso da ABRAPCORP de 2020. Desde então, produzimos e apresentamos, todos os anos, artigos nesse congresso, e em muitos outros eventos acadêmicos. Com isso, descobri mais uma forma de lutar contra o capacitismo: discutindo o tema nos artigos e eventos científicos.

TRABALHO, AFETO... E FESTA!

Um aspecto muito importante do trabalho é que ele é também um espaço em que a gente conhece pessoas e faz amizades, não é mesmo? Esse é um lado do trabalho muito especial para mim. Na AIC, eu fiz muitos amigos. Muitas pessoas passaram a representar mais que colegas de trabalho, tornando-se amigos na minha vida. Temos muitas dessas relações que vão além do ambiente de trabalho. A galera vai se encontrando em outros espaços e organizando várias festinhas.

E por falar em festinhas.... A AIC é muito boa nisso, tem base?! Antes de começar a pandemia, em dezembro de 2019, eu participei da festa de fim de ano da AIC. Foi a primeira festa de que participei na entidade, mas já mergulhei de cabeça: até ajudei na organização! Teve muita comida, bebida, música e dança. Foi muito divertido!!

Já em 2020, tivemos a pandemia como desafio, mas ela não foi um impeditivo para nós, AICeres (uma forma carinhosa que a gente usa para se referir à galera da AIC), nos juntarmos, ainda que virtualmente. A galera organizou uma festa online. Foi surpreendente do tanto que foi divertido! A gente participou de karaokê, teve sorteio, comida e bebida... Com a comida foi assim: cada um mandava um quitute para um colega sorteado – algo que ele mesmo cozinhasse ou encomendasse pelo Ifood.

Em 2021, nossa festa de fim de ano foi no Belka, um bar de BH. Lá, eu conheci uma galera que ainda não havia conhecido presencialmente, só no trabalho remoto mesmo. Uma das pessoas que conheci naquela festa foi a Danusa Tederiche, que vive no Rio de Janeiro, mas viajou a BH para participar da festa. Foi muito legal! Nessa festa, além de muita comida boa, bebida e música, tivemos a alegria de ver a Vivi Coelho arrasar no show que fez. Ela é da equipe da AIC, mas também é cantora do bloco Havaianas Usadas, e trouxe pra festa muita animação com música baiana e muito mais. Me acabei de dançar!!!

Bem, a AIC é esse mix de muito trabalho bacana, alegria, responsabilidade e compromisso social. Fazer parte dessa equipe, para mim, é um privilégio. Privilégio por ser uma mulher com Síndrome de Down que exerce sua profissão, quando ainda muitas outras pessoas com deficiência não têm a mesma oportunidade. Um privilégio por ser alguém que pode inspirar outras pessoas a acreditarem em seus sonhos e ir atrás deles. Um privilégio, porque a AIC acredita, pratica e vive a inclusão não só das pessoas com deficiência, mas uma inclusão social que reconhece, na humanidade, a diversidade como sendo sua maior riqueza... E eu posso fazer parte disso! Por isso eu digo sempre, na AIC é muito amor envolvido!

CONRERP: UM ESPAÇO PARA FORTALECER A PROFISSÃO E FALAR DE SOCIEDADE INCLUSIVA

Além de exercer minha profissão de Relações Públicas na AIC, tenho outra frente de atuação, na qual contribuo com o desenvolvimento da própria profissão. Participo ativamente do CONRERP – Conselho Regional de Relações Públicas da 3ª Região (Minas Gerais e Espírito Santo). Sou associada do Conselho desde que me formei. Inclusive, eu tive a alegria de ter em minha formatura representantes da diretoria do CONRERP 3ª região. À época, quem estava na presidência era a Anita Cardoso. Ela, profissional da área de RP há mais de 30 anos, foi convidada pelo meu orientador, Wilson Mingote, para compor a banca de defesa do meu TCC. Logo após minha defesa, dei entrada na minha carteirinha do CONRERP e passei a ser associada ao Conselho.

Em 2021, ainda na gestão da Anita Cardoso, fui convidada por ela, junto com toda a diretoria, para compor a equipe de conselheiros do CONRERP 3ª Região. Fiquei muito feliz e honrada com tal reconhecimento e com a oportunidade de atuar no desenvolvimento da minha profissão.

Em uma das temporadas do meu podcast, convidei a Anita para participar de nossa conversa, pois tinha vontade de saber sobre a origem do interesse dela pela pauta da inclusão no ambiente profissional. Aí, ela me contou um pouco de sua relação com o tema da inclusão da pessoa com deficiência e de quando começou a se envolver com a causa. Ela me disse:

> Logo que eu comecei a namorar com o Marcus Antônio Motta, que depois se tornou meu marido, tive contato com uma pessoa com Síndrome de Down. Ele tem uma irmã caçula, a Ana Carolina Motta, minha cunhada, uma pessoa com Síndrome de Down. E foi nesse contato, nessa experiência, que eu me dei conta da necessidade de a gente despertar para a questão da inclusão. A partir do momento em que você se relaciona com a demanda é que percebe a necessidade de incluir as pessoas na sociedade.

A cunhada da Anita, uma mulher com SD assim como eu, foi uma inspiração para ela pensar na questão da inclusão social – que, desde então, faz parte naturalmente da vida dela. Essa experiência da Anita com a cunhada tornou o olhar dela mais sensível em relação a tais pessoas, acreditando nos potenciais delas. Acredito que tenha sido esse o motivo pelo qual Anita resolveu apostar em mim para caminhar com ela na gestão do CONRERP.

A Anita também me disse que casos como o meu ainda são raros: de pessoas T21 com formação em curso superior reconhecido pelo MEC, que tiveram a oportunidade de passar por uma trajetória educacional como qualquer outro estudante sem deficiência. Infelizmente, ela tem razão: isso é muito raro. Por isso, acredito que é urgente que a sociedade amplie espaços para que nós, pessoas com deficiências, possamos ter acesso às condições necessárias para o estudo, a formação profissional e o exercício da profissão (seja técnica, acadêmica, artística, ou de qualquer outro campo de atuação). Esse acesso é fundamental e extremamente importante para a promoção da cidadania à qual todos nós, seres humanos, temos direito.

Voltando ao tema da minha trajetória no CONRERP, já são quase dois anos atuando como conselheira. Apesar de o convite para me tornar conselheira ter vindo ainda na gestão de Anita em 2021, somente assumi o cargo de conselheira efetiva, na função de Diretora de Diversidade e Inclusão, em dezembro daquele ano (fui empossada em 09/12/2021), quando também estava acontecendo a transição na gestão geral do CONRERP 3ª Região. Na transição, o cargo de presidente do CONRERP 3ª Região foi assumido por Eneida Stehling, cujo mandato é de 2022 até 2025. Eu também tenho mandato até 2025 no cargo de diretora de diversidade e inclusão.

Contando um pouco sobre a atuação do CONRERP, ele integra o Sistema Conferp – Conselho Federal de Profissionais de Relações Públicas. A finalidade do Conselho é regular a profissão de Relações Públicas nos estados de Minas Gerais e Espírito Santo. E os objetivos do conselho são orientar, fiscalizar e disciplinar o exercício da profissão; zelar pelo cumprimento da lei e do código de ética dos profissionais de Relações Públicas. O Conselho também divulga a profissão junto à sociedade e atua junto às organizações, sensibilizando-as sobre a importância dessa profissão para o desenvolvimento das mais diversas instituições e empresas.

Quando fui convidada a atuar como conselheira, eu sabia da importância de ocupar esse cargo e representar meus colegas de profissão, dando ênfase à pauta da diversidade e inclusão. Sendo eu a primeira Relações Públicas com Síndrome de Down no Brasil a formar e exercer a profissão, estar à frente de uma diretoria que promove essa causa é assumir a responsabilidade de atuar junto ao Conselho para que as discussões e as ações nesse campo sejam cada vez mais ampliadas.

Consciente dessa responsabilidade, nas reuniões da diretoria e nos eventos do CONRERP, além de me envolver com os assuntos ligados à promoção da profissão de RP, faço um trabalho de sensibilização quanto à importância de que as organizações se abram à diversidade e ofereçam cada vez mais vagas qualificadas de trabalho para as pessoas com deficiência, de que a sociedade se mobilize pelo fim do capacitismo em todos os espaços de educação e trabalho, bem como em todas as esferas de atuação e convivência.

Também mobilizo meus colegas de profissão para que se tornem multiplicadores da causa da sociedade inclusiva. Afinal, eles trabalham com a comunicação, que é um recurso importantíssimo no combate ao capacitismo – na difusão de informação, na divulgação das pautas e no fomento a práticas de inclusão e cidadania.

Assim, atuar como conselheira tem sido uma jornada incrível, desde o dia da minha posse no CONRERP, que foi muito bacana e emocionante. Naquele momento, além de ser a primeira RP com Síndrome de Down no Brasil, eu me tornava a primeira RP conselheira e diretora do Conselho Regional de Relações Públicas. Um grande avanço dentro da minha profissão. Isso me deixa muito feliz: poder conquistar cada vez mais espaços na sociedade – e, ao fazer isso, mostrar que esses espaços podem e precisam ser ocupados pelas pessoas com deficiência.

A inclusão já é uma realidade no meu cotidiano e uma pauta pela qual luto e na qual acredito. Por isso, ter a possibilidade de ampliar esse trabalho que já venho fazendo junto da AIC e somar com outros colegas de profissão, pessoas e empresas assessoradas por RPs é, sem dúvida, um passo bastante importante, que me proporciona ainda mais realização pessoal e profissional.

Capítulo 7

INCLUSIVE LUÍSA: PORQUE A DIVERSIDADE TORNA O MUNDO MELHOR

"Todo mundo cabe no mundo... e o mundo fica melhor porque todos cabem nele!" Esse é o mote do Inclusive Luísa, projeto que criei com minhas colegas da AIC para aprofundar o trabalho que já realizávamos em prol da sociedade inclusiva. Criamos a frase a partir do nome de um bloco de Carnaval superlegal de BH, cujo nome é "Todo Mundo Cabe no Mundo". O bloco reúne pessoas que acreditam na diversidade e acham importante celebrá-la no Carnaval. Dentre os integrantes do bloco, há várias pessoas com deficiência.

Então, quando a gente colocou esse mote logo na página inicial do site do projeto, e quando o repetimos em diversas das produções do projeto Inclusive Luísa, é para dar destaque à maior crença da minha vida: de que é fundamental e possível construirmos um mundo em que todas as pessoas, com suas infinitas singularidades, possam viver e participar; e que a vida aberta à diversidade é muito melhor. Luto para que essa possibilidade, um dia, seja uma realidade. Esse é o grande propósito do Inclusive Luísa: promover a mobilização social em busca do ideal de um mundo inclusivo.

UM NASCIMENTO BEM NO MEIO DA PANDEMIA...

A criação do projeto também foi fruto do amadurecimento da minha relação com a equipe e com a instituição como um todo. Já contei aqui como fui bem recebida e acolhida na AIC. Mas vocês precisam ter em mente que, até o dia em que comecei a trabalhar lá, nunca uma pessoa T21 tinha se tornado Relações Públicas e exercido tal profissão em uma instituição. Então, desde o meu primeiro dia na Agência de Iniciativas Cidadãs, temos, juntas, construído estratégias para que a minha experiência de trabalho seja a melhor possível; para que eu possa realizar meus potenciais e dar contribuições importantes à atuação da entidade.

E, logo em seu início, essa construção foi atravessada por um imenso desafio: a pandemia. Mas nós colocamos a criatividade pra jogo e fizemos dar certo, pois há muito amor e vontade de fazer acontecer, dos dois lados. Uma coisa que me deixa muito feliz é exatamente isso: a responsabilidade e o compromisso da AIC em fazer com que eu me sinta integrante, participante e atuante sempre foram uma marca da instituição. Sempre me senti incluída e reconhecida enquanto profissional dentro da AIC.

Mas, voltando à questão da pandemia e à criatividade que ela exigiu de todas e todos nós da AIC, como vocês devem imaginar, naquele período, muitos projetos e formas de atuação precisaram ser revistos. Estratégias novas foram criadas para que pudéssemos seguir com as atividades. Embora as incertezas atravessassem toda a sociedade, e também a nós, na AIC, entendemos que precisávamos ter a coragem de nos reinventar, e assim fizemos.

Foi naquele contexto pandêmico que a Rafaela Lima surgiu com a proposta de que eu, a Karla Damiani e outras colegas criássemos o Inclusive Luísa. A ideia era que ele fosse um projeto de comunicação para a mobilização social em prol de uma sociedade inclusiva no qual eu assumisse o protagonismo da ação. E a proposta, desde o início, foi de trabalhar com as histórias de vida - sobretudo a minha própria história - como meio de incentivar, inspirar e mobilizar.

Para dar os primeiros passos na criação do Inclusive Luísa, eu contei com o apoio e talento das companheiras Viviane Ferreira e Juliana Dias. Eu, elas e a Karla Damiani começamos a mapear os conteúdos e escolher o estilo e materiais que iriam compor o site - que seria o grande repositório de informações e produções do projeto. Assim, pensamos em inserir no site a seção Minha Bio, na qual conto minha história de vida; para que, com ela, outras vidas possam ser inspiradas. Depois, pensamos que seria interessante ter um espaço que chamamos de Diário da Lu, que é meio que um resumo das minhas atividades de vida cotidiana que escolho compartilhar por ali. A ideia é reunir registros dos acontecimentos, como num diário, mas um que não tem segredos. Pelo contrário: lá eu me abro bastante sobre minha vida, meus pensamentos e tudo o que realizo.

Colocamos no site também o meu blog, no qual eu mensalmente publico textos sobre alguma temática, conto experiências e novidades, e comento assuntos diversos. O Bagaceira, sobre o qual contei para vocês no início deste livro, também está no site. As outras seções são: Sociedade Inclusiva e All Inclusive (uma divulga pesquisas e a outra notícias sobre o tema da inclusão); Conheça a AIC (para as pessoas saberem um pouco da instituição realizadora do projeto); finalmente, o Podcast Inclusive Luísa, do qual falarei pra vocês logo, logo. Todos esses espaços criados no site buscam espalhar a palavra que celebra a diversidade e assume a responsabilidade, que é de todos nós, de defender a sociedade inclusiva.

A estruturação do site foi fundamental para fazer o Inclusive Luísa acontecer para o mundo, pois na AIC o Inclusive Luísa já tinha acontecido desde minha chegada na instituição. Digo isso porque, antes mesmo de pensarmos no projeto, já construíamos a inclusão no nosso dia a dia, e falávamos desse tema aos quatro cantos. Tanto é que, conforme contei para vocês em algumas passagens anteriores do livro, pouco depois de entrar na AIC, eu já recebi a proposta de escrever um artigo científico para um evento muito importante na minha área de formação: o congresso da ABRAPCORP. Fiquei muito feliz e honrada com a possibilidade de me tornar autora de um texto científico, pois um sonho que tenho e ainda não contei para vocês é de um dia fazer um mestrado. Amo estudar e estar no meio acadêmico!

O convite aconteceu em 2019 e logo comecei a me preparar para escrever o artigo, que seria publicado e apresentado no evento em 2020. Para a escrita, usei como metodologia entrevistas. Mapeei os contatos que eu gostaria de entrevistar, fiz os convites e realizei as entrevistas. Elas foram a base da escrita do texto "Diversidade na Escola, no trabalho, na Bagaceira, na vida: a história de Luísa e a mobilização pela sociedade inclusiva", que fiz em parceira com as companheiras da AIC Rafaela Lima, Karla Damiani e Emanuela São Pedro.

EM 2021, MAIS UM NASCIMENTO: O DO MEU PODCAST!

O movimento, que fiz em 2019, de realizar entrevistas para o artigo, foi tão potente que levou à descoberta de um outro talento meu: o de apresentadora e entrevistadora. Porém, eu ainda não imaginava o que estava por vir daquela experiência; que desdobramentos poderiam vir a acontecer dentro do projeto que estava, como anunciei, dando seus primeiros passos. E o que aconteceu foi o seguinte: conforme íamos trabalhando, pensando e executando as ações do Inclusive Luísa, avançavam o trabalho de criação dos textos para o blog e o Diário da Lu, bem como a minha participação em palestras e eventos, e também a elaboração de artigos científicos, fui revisitando o material das entrevistas que realizei em 2019.

Ao notar a importância daquelas entrevistas, a Viviane Ferreira deu a ideia da criação de um podcast dentro do projeto Inclusive Luísa. E eu, é claro, amei, né?! Tivemos a sorte de contar com a experiência de outra companheira da AIC, Sarah Dutra, que é radialista e já possuía experiência na área, sem falar que é uma amante de podcast. Ela topou na hora participar do projeto e construiu essa história com a gente. Assim, o projeto ganhou uma outra frente de atuação, o podcast Inclusive Luísa. O podcast foi ao ar pela primeira vez em setembro de 2021 e hoje se tornou o carro chefe do projeto Inclusive Luísa.

DESBRAVANDO O UNIVERSO ACADÊMICO

Desde a primeira escrita de elaboração de artigo para o Congresso da ABRAPCORP, mergulhei de cabeça no universo dos artigos e eventos acadêmicos. Com isso, se desenvolveu mais uma frente do Inclusive Luísa: a publicação de artigos sobre mobilização, cidadania e inclusão. Sendo assim, no ano de 2021 eu continuei a exercer essa tarefa e participei mais uma vez do Congresso da ABRAPCORP. Naquele segundo artigo, eu tratei da experiência de atuar junto da AIC no projeto Educação Inclusiva. O título do artigo foi "Mobilizar sem aglomerar: desafios e invenções da educação para a cidadania na pandemia". Junto comigo na escrita dele estavam minhas companheiras da AIC Rafaela Lima, Danusa Tederiche, Isabelle Chagas, Jéssica Caldeira e Kênia Chagas. Foi muito importante discutir, no artigo, nossa experiência de, frente à pandemia, inventar novos modos de desenvolver ações educativas.

Então, como disse a vocês, desde o artigo de 2019, não parei mais. Já participei de quatro edições só do Congresso da ABRAPCORP. Nos anais desse evento, já publiquei, além dos artigos citados acima, os seguintes: "Contando histórias, tecendo conversas e gerando a mobilização social pela sociedade inclusiva" (produzido em 2022, com a parceria de Rafaela Lima e Danusa Tederiche) e "Para que todos caibam no mundo: histórias de vida, construção de memórias em rede e mobilização social", que escrevi com Danusa Tederiche em 2023.

As experiências em tais congressos me trouxeram, além do movimento de escrita, leitura e estudos, também a possibilidade de me colocar enquanto profissional de Relações Públicas e pesquisadora de Comunicação. Posso falar também da experiência de viver a participação no evento tanto na modalidade virtual – nas edições de 2020, 2021 e 2022, por conta da pandemia –, quanto na modalidade presencial – que só foi possível no Congresso de 2023.

Foi em função de eventos acadêmicos que fiz minha segunda e minha terceira viagens a trabalho. Em 2022, fui ao México, para apresentar um artigo sobre a minha experiência na 9ª CLACSO – Conferência Latino-americana e Caribenha de Ciências Sociais. A viagem contou com várias colegas da AIC, que também apresentaram artigos, além da minha mãe e da minha irmã.

Já na viagem de 2023, para o Congresso da ABRAPCORP, que aconteceu na cidade do Rio de Janeiro, eu estava com minhas companheiras da AIC Danusa Tederiche, Emanuela São Pedro, Rafaela Lima e Shirley Martins. Foi uma viagem muito bacana, pois estive juntinho de pessoas da equipe da AIC-RJ e curtimos, além do congresso, a Cidade Maravilhosa – porque ninguém é de ferro, não é?! A viagem a trabalho com a galera da AIC foi muito legal. Eu amo muito essa instituição... de coração e de alma também.

As experiências com a escrita foram se abrindo para mim dentro da AIC, como parte do projeto Inclusive Luísa, e isso aumentou em mim uma vontade à qual eu ainda não tinha dado atenção: o desejo de ser uma pesquisadora na minha área. E eu também pude perceber que rememorar, tecer reflexões e escrever sobre a minha história, narrando minhas experiências, seria um caminho importante tanto para gerar conhecimento científico quanto para mobilizar a sociedade para as questões da inclusão da pessoa com deficiência.

É por isso que faço questão de participar, cada vez mais, de eventos e congressos nacionais e internacionais, com publicação de artigos científicos e narrando a história da primeira Relações Públicas com Síndrome de Down do Brasil, do projeto Inclusive Luísa, da AIC e de tantas outras pessoas ligadas à luta pela inclusão, que venho encontrando pelo caminho a partir do meu trabalho.

Já contabilizo sete textos publicados, sendo quatro nos congressos da ABRAPCORP (2020, 2021, 2022 e 2023); um no congresso de 2023 da Intercom – Sociedade Brasileira de Estudos Interdisciplinares da Comunicação; e dois em congressos internacionais ocorridos no ano de 2022 (Clacso e Flacso – Faculdade Latino-Americana de Ciências Sociais). Todas essas possibilidades de escrita e apresentação de trabalho me geraram experiências incríveis e inesquecíveis!

Contando um pouco mais dessas experiências, foi no México que participei pela primeira vez da escrita e apresentação de trabalho internacional. Eu estava muito ansiosa para viajar com a galera da AIC e para "hablar en español". A expectativa que gerava em mim era muito grande pois, apesar de já ter tido experiências em viagens internacionais, era a primeira vez que fazia isso profissionalmente. Então, dentro de mim a alegria era enorme.

Mas, como toda história para ser das boas tem que ter emoção, essa não foi diferente. Algumas semanas antes da data da viagem, eu comecei a apresentar alguns sintomas de gripe. E, para minha triste surpresa, testei positivo para Covid-19. Por sorte, deu tempo de cuidar da saúde, fazer os trâmites de isolamento e tratamento, e fiquei curada a tempo de ser liberada para a viagem. Pensam que a emoção parou por aí? Claro que não! Como falei, estava muito ansiosa pela viagem com meus colegas da AIC e ter ficado doente, correndo o risco de talvez não poder ir, me deixou ainda mais preocupada. E eu guardava todas aquelas emoções quietinhas dentro de mim.

Quando fui liberada e autorizada pelos médicos a viajar, uma parte da galera já estava no México e torcendo para que eu pudesse ir também. Até conseguiram mudar o dia da minha apresentação, acreditam? Foi isso mesmo: meu trabalho ficou para o último dia do congresso e eu consegui viajar para encontrar a galera. Mas ainda teve um pouquinho mais de emoção: ao chegar ao México, eu estava tão emocionada e feliz, e havia guardado tanta preocupação comigo, que cheguei a passar mal. Esses desafios iniciais, entretanto, não fizeram com que a viagem deixasse de ser incrível. Após uma noite de sono e descanso, acordei superbem e renovada para começar a curtir as terras mexicanas e colecionar muitas memórias.

Bem, antes de qualquer outra atividade, eu precisava cumprir com minhas obrigações, não é verdade?! E foi isso que eu fiz! Cheguei na Clacso para o meu GT e apresentei a minha história para meus irmãos latino-americanos que estavam lá. Tinha gente de todo canto dessa América Latina: da Argentina, Colômbia, Equador, Uruguai etc. E sabem de uma coisa? Eu apresentei em português, mas também "hablei un ratito en español", pois adoro essa língua e até já fiz aulas quando era mais nova.

Após meu compromisso cumprido, foi a vez de curtir a viagem com meus amigos, minha irmã, Alice Camargos, e minha mãe, Marisa Camargos. Elas, por sinal, estavam indo também para comemorar o aniversário da minha mãe, que foi no dia 10 de junho - bem no período do evento. Para começar a curtir o México, fiz um passeio em um dos carros temáticos que tem na Ciudad del México e que faz um tour apresentando pontos importantes da cidade. Conheci diversos restaurantes, mas senti muita saudade da comida brasileira... E sabem o que a gente fez? Achamos um restaurante brasileiro no México! Foi muito legal conhecê-lo, teve até samba lá.

Como mencionei, a viagem também tinha como objetivo comemorar o aniversário de minha mãe. Para isso, nós escolhemos um típico restaurante mexicano com direito a apresentação de mariachis. Foi muito divertido. Acreditam que o vocalista cantou para mim? Fiquei muito tímida na hora, mas achei o máximo! Por fim, cantamos parabéns para minha mãe e todos desejaram a ela un feliz cumpleaños!

Além dessas ações de escrita de textos, apresentação de trabalhos, participação em congressos e eventos acadêmicos, por meio do Inclusive Luísa eu recebo muitos convites e participo de muitas outras atividades. Realizo palestras junto a turmas de pós-graduação, dou entrevistas para jornais, rádios e outros canais de comunicação... sem falar nos vídeos e divulgações que faço nas redes sociais da AIC e nas minhas redes sociais, mostrando esse tanto de coisas que eu realizo. Tenho uma agenda de trabalho bastante intensa e amo tudo o que faço. Ah, não posso esquecer de contar que ainda dou conta de sistematizar e planilhar todas as frentes do Inclusive Luísa. Afinal, organização é uma característica importante de uma profissional de Relações Públicas.

Para finalizar, quero ressaltar que o site e o podcast são duas frentes de atuação do projeto Inclusive Luísa que têm me ensinado muito sobre inclusão, sobre mim e sobre a vida. Por isso, vou dedicar um capítulo só para contar para vocês o tanto que esses trabalhos são importantes para construção da sociedade inclusiva.

Capítulo 8

CONTANDO HISTÓRIAS DE VIDA

A BUSCA POR COMPARTILHAR A MINHA HISTÓRIA

Eu comecei a compartilhar minha história de vida nas palestras que realizava na minha cidade, Belo Horizonte, ainda durante a minha graduação em Relações Públicas. Era notória a curiosidade das pessoas em saber como uma pessoa com Síndrome de Down poderia chegar à graduação, uma graduação no campo da comunicação – pois, no imaginário de muitos, as pessoas com SD têm dificuldade de comunicação. Sim, é bem verdade que há aqueles que têm dificuldades na fala, mas isso não é sinônimo de dificuldade em se comunicar – afinal, a comunicação vai muito além da fala. Além do mais, não se pode generalizar, acreditando que todas as pessoas T21 enfrentam os mesmos desafios.

Outro aspecto importante de ser destacado é que, com tratamento e bastante acompanhamento profissional, é superpossível a gente desenvolver significativamente nossa oralidade. E olha, a Fátima Brites, minha fono, foi maravilhosa. Além de sempre ter me ajudado demais, ela me encaminhou para várias outras atividades capazes de me ajudar nessa questão da fala. E deu certo, ainda bem, porque falar é uma das minhas habilidades de que gosto muito!

Seguindo com o propósito de compartilhar minha história de vida, além de dar palestras, comecei a falar também um pouco sobre mim nas redes sociais. Foi essa experiência de narrar sobre mim, que eu já trilhava tanto nas palestras quanto nas redes sociais, que levei para o Inclusive Luísa. Quando concebemos o site, consideramos criar uma aba para o Diário da Lu, no qual eu contaria minhas histórias cotidianas, e outra para o blog, mais voltado a assuntos da minha atuação como profissional e ativista. Vimos criando esses conteúdos, desde então. Porém, nos últimos tempos, ando tão cheia de atividades que acabei deixando um pouco de lado a escrita do diário (prometo que voltarei a dar as caras por lá) e investindo mais na escrita do blog.

Assim, no blog, acabei falando um pouco sobre tudo: minhas experiências pessoais e profissionais, minhas reflexões e opiniões sobre temas importantes e sobre a minha própria vida. Acho que fui entendendo que também valia a pena não só contar, mas pensar sobre a própria história, e compartilhar esses pensamentos com os leitores do blog.

O blog já tem mais de 50 publicações! O movimento de escrita nele tem sido muito importante para mim. Sabem por quê? Lembra que contei que foi na AIC que fui incentivada a publicar artigos acadêmicos? Então, aquele primeiro movimento de produção de escrita me fez querer escrever mais sobre o que penso, leio e vejo por aí, nessa vida de meu Deus. Por isso, escrever no blog tem sido um grande exercício de escrita e pensamentos. Afinal, para realizar a escrita, eu penso no tema sobre o qual quero falar, pesquiso sobre o assunto, estudo textos, matérias, reportagens etc. Isso tem ampliado muito meu aprendizado e incrementado minha escrita.

UMA HISTÓRIA CONSTRUÍDA A VÁRIAS MÃOS

Você deve estar pensando...Como a Luísa faz tudo isso, na prática? Ela tem alguma ajuda? Sim, tenho a companhia de colegas que fazem esse trabalho comigo. Como qualquer pessoa que faz um trabalho em equipe, eu também trabalho com a equipe do projeto de forma colaborativa. Durante toda essa caminhada do Inclusive Luísa, já tive a parceria de algumas mulheres que foram e são muito importantes para eu conseguir dar conta de tudo o que o projeto faz. Eu já trouxe aqui o nome das mulheres pioneiras comigo nesse projeto, como a Rafa, Karla, Vivi, Ju e Sarah. Mas quero falar também de outras mulheres que chegaram em outros momentos e fazem parte da história do Inclusive Luísa. Estou falando de Alga Marina, Priscylla Ramalho, Beatriz Lopes e Danusa Tederiche.

A Sarah Dutra vai voltar a aparecer mais por aqui quando eu contar sobre meu podcast. Quero então contar sobre como funciona o Inclusive Luísa e como nos organizamos na instituição. A Karla Damiani começou a atuar comigo desde o Educação Inclusiva, mas ela precisou assumir outras frentes de trabalho na AIC. Por isso, no ano de 2020, a Priscylla Ramalho assumiu o Educação Inclusiva e também o Inclusive Luísa. Ela atua como gestora desses dois projetos e trouxe para a equipe, primeiramente, a Danusa Tederiche, que também já atuava no Educação Inclusiva. No ano de 2021, a Danusa ficou no Inclusive Luísa durante um curto período, pois ela mora no Rio de Janeiro e estávamos retomando as atividades presenciais. Era preciso encontrar alguém em BH para compor a equipe comigo. E foi assim que chegou ao Inclusive Luísa a Alga Marina, em 2022.

Alga e eu fizemos muitas coisas juntas e eu amei muito trabalhar com ela. Para escrever essa história, eu fiquei muito curiosa em saber como foi que a Alga chegou no Inclusive Luísa. Vocês, leitores, já sabem que gosto de contar histórias – e não só a minha, não é? Gosto também de contar das pessoas que passaram por minha vida de alguma forma, pois elas, todas elas, foram e são importantes para eu ser quem sou hoje. Por isso, resolvi fazer uma entrevista com a Alga, para ela me contar como chegou à AIC e ao projeto Inclusive Luísa. É uma história bem bacana, vejam:

> Eu tenho uma história com a AIC desde a época da faculdade, pois fiz estágio aqui, participei de um projeto de extensão aqui. Mas estava eu trabalhando em outro lugar, o Fórum das Juventudes, quando recebi o convite para atuar no Inclusive Luísa. Eu achava que, por ser ativista, sabia das coisas, entendia de todas as pautas. Mas, quando a Pri me chamou para trabalhar com você, eu falei: Nossa, Pri, pensando bem, eu nunca trabalhei com nada ligado à inclusão de pessoas com deficiência. A pauta da inclusão a gente acha que é nossa, de quem luta por direitos, mas eu não estava fazendo nada a respeito dela, nem sabia muito do tema. No entanto, a Pri

> falou: Não se preocupe. Você vai tentar e vai dar certo, a Luísa te ajuda. E assim foi. Diante do convite da Pri, em 2022, eu respondi que não me sentia preparada. Mas ela resolveu me dar uma chance, você resolveu me dar uma chance, e tudo aconteceu. Ainda estou no processo de aprender mais sobre essa pauta, aprender sobre o capacitismo, rever uns capacitismos que até mesmo carregava comigo. Tem sido um aprendizado imenso.

A Alga, quando me conta da chegada dela no projeto, fala que acha importante a inclusão, mas que não se via fazendo nada e que até não se sentia preparada para aceitar o convite para trabalhar com esse tema. Isso nos ajuda a pensar que estar preparado ou não, se sentir preparado ou não, é uma condição natural do ser humano, seja pessoa com deficiência ou sem deficiência. Naquele momento, o projeto buscava uma pessoa para colaborar na equipe e ajudar com a construção das ações. Naquela busca, a Pri, quando incentivou a Alga, desafiando-a a viver a experiência, afirmou e demarcou o meu papel de protagonista do projeto, dando a ela a certeza de que eu a conduziria, de que eu a ajudaria. E de fato foi assim: eu ajudei a Alga a entender o projeto e ela também me ajudou a ver novas possibilidades dentro do projeto. Assim fomos, juntas, encontrando nosso modo de atuação frente às demandas que surgiam.

Dentre as muitas ações de 2022, além das publicações no blog e das temporadas de podcast que tínhamos que produzir, a Alga participou comigo de um momento muito especial, quando fui representar a AIC na premiação "Ser Humano", que o projeto Educação Inclusiva ganhou da ABRH – Associação Brasileira de Recursos Humanos. Foi um evento incrível!

Bem, a Alga trabalhou comigo no projeto Inclusive Luísa durante um ano e, segundo ela, foi um privilégio, foi uma sorte esse encontro, que mudou a vida dela. Ela diz isso porque nos tornamos amigas e fazer amigos, sim, é sempre um privilégio e uma sorte. Além disso, o ativismo dela ganhou uma pauta importantíssima: a luta contra o capacitismo.

No final de 2022, a Alga precisou ir acompanhar um outro projeto da AIC. Já estava se aproximando dezembro e eu tinha uma viagem para os EUA planejada. Uma viagem que envolvia a minha irmã Alice (lembram dela? aquela da Bagaceira junto comigo!). Ela estava morando lá e estava grávida: era esse o motivo da minha viagem. A minha sobrinha Laura ia nascer e claro que a tia dinda aqui não queria perder tal momento, não é?! Considerando toda a mudança na vida pela qual eu passava, a AIC avaliou a possibilidade de eu retornar ao trabalho remoto de lá dos EUA. E foi assim que a Danusa Tederiche retornou ao Inclusive Luísa.

Danusa e eu já tínhamos uma experiência de trabalho em outros momentos, como já mencionei, pois já tínhamos trabalhados juntas no Educação Inclusiva e um pouquinho no Inclusive Luísa. Eu estava no EUA e ela no Rio de Janeiro. Então, nosso primeiro combinado foi de ajustes quanto ao horário de trabalho, considerando o fuso horário, mas isso foi tranquilo de resolver. Encerramos dezembro de 2022 com um planejamento inicial das ações do Inclusive Luísa até março de 2023, quando eu retornaria dos EUA e também ao meu trabalho presencial na AIC. Pois bem, tínhamos duas grandes atividades para encaminhar no projeto: a escrita no blog – inclusive você pode dar uma passadinha lá para saber o que rolou comigo, aposto que vai gostar – e a produção da quarta temporada do podcast Inclusive Luísa, que seria lançado em março.

UM PODCAST, MUITAS HISTÓRIAS

Chegou a hora de eu contar para vocês, em detalhes, a história do meu podcast. No dia 21 de setembro de 2021, Dia Nacional de Luta da Pessoa com Deficiência, lancei o Podcast Inclusive Luísa – que você pode encontrar nas plataformas digitais de áudio, no canal de Youtube da AIC e no site Inclusive Luísa.

Na primeira temporada, tivemos muitos convidados que já faziam parte da minha vida e tinham em sua trajetória alguma ação voltada para a inclusão da pessoa com deficiência. Optamos por começar a temporada contando a minha história. Mas também recuperamos aquelas entrevistas que eu havia feito para escrever meu primeiro artigo, lembram? Então, elas foram essenciais para a descoberta da Luísa apresentadora e entrevistadora, logo, aqueles entrevistados não podiam ficar de fora do podcast, não é verdade?!

As temporadas seguintes foram sendo desenhadas conforme íamos entendendo a dinâmica do podcast dentro do projeto em prol da mobilização pela sociedade inclusiva. Para marcar nossa ação do Inclusive Luísa e somar nosso trabalho à luta pela causa, escolhi, junto com minhas companheiras da AIC, datas significativas para a luta da pessoa com deficiência. Sendo assim, a primeira temporada já havia sido lançada em uma data importante, como mencionei, com a segunda foi a mesma coisa: ela foi lançada em 21 de março de 2022, que é o Dia Internacional da Síndrome de Down.

Com objetivo de mobilizar pessoas a se voltarem à luta pelos direitos das pessoas com deficiência, contra o capacitismo e por uma sociedade inclusiva, o podcast reúne histórias de vida, que são contadas em conversas que faço com pessoas com deficiência e sem deficiência, familiares e profissionais da área. Com as histórias e experiências que nos são contadas, vamos aprendendo sobre temas relacionados a inclusão e diversidade. Vamos encontrando caminhos para afirmar que todo mundo cabe no mundo e que o mundo fica melhor quando todos cabem nele.

Muitos passos já foram dados na trajetória de fazer o podcast acontecer, se tornar uma realidade e crescer. E essa história não foi escrita por mim sozinha. Tive as mãos de várias outras mulheres nisso. É o caso da Sarah Dutra, que me ensinou o que era necessário para produzir um podcast. Fui atrás da Sarah, para entender como foi para ela a experiência de construir comigo essa ação.

A Sarah me contou que ela é formada em Rádio, TV e Jornalismo na graduação de Comunicação Social pela UFMG. Também me disse que sempre teve um grande interesse em pensar uma comunicação que fosse viável a toda a população. Podemos perceber que ela já tinha um olhar inclusivo, não é? Ela chegou na AIC a partir de um convite para uma demanda de um projeto específico da instituição e acabou atuando em diversos projetos. Mas eu queria saber dela como foi que chegou ao Inclusive Luísa. E ela me disse:

> A Karla comentou comigo que vocês haviam gravado algumas entrevistas, mas que ainda não sabiam exatamente o que fariam com o material. Vocês estavam na dúvida se faziam um canal no YouTube ou um podcast. E o pessoal todo da AIC já sabia que eu sou a louca do podcast; que eu gosto muito desse tipo de produção. Então, eu disse à Karla que, por entender de podcast, eu acreditava que este seria o formato mais viável. Uma produção em vídeo demandaria uma equipe maior, e até mesmo um orçamento maior. Já o podcast é uma produção mais simples. Então, puxei a sardinha pro meu lado. Comentei com a Karla que via muito potencial num podcast seu, Lu – até porque, na época em que a gente criou o Inclusive Luísa, os podcasts já estavam entrando num boom. Havia muita gente fazendo podcast, muita gente estudando podcast... As possibilidades dessa ferramenta estavam crescendo muito. Aí, a gente gravou um trailer (não sei se você se lembra disso) e lançamos aquele trailer pra ver se fazia sentido, se as ideias se encaixavam com as entrevistas que a gente já tinha "de gaveta" (guardadas). Experimentamos, para ver se fazia sentido, se funcionava... e deu super certo, né!?

E foi assim que demos nossos primeiros passos no podcast, contando com o apoio e experiência da Sarah e, claro, com meu talento de comunicadora (risos).

AS HISTÓRIAS QUE O PODCASTS JÁ APRESENTOU

Na conversa que tive com a Sarah, ela me disse algo que me marcou: que apostava no podcast como uma ferramenta democrática de comunicação, pois ele é um produto de comunicação que pode ser elaborado e colocado no ar com uma certa facilidade, sem necessitar de grandes investimentos ou de conhecimentos técnicos muito complexos. Esse aspecto é mesmo um ponto importante para a democratização.

Mas o podcast Inclusive Luísa também é um espaço democrático na perspectiva da diversidade. Ele foi concebido como um espaço onde todos teriam a possibilidade de contar suas histórias de vida, para que possamos aprender com elas e convidar quem as ouve a também se voltarem para a causa da sociedade inclusiva. Por isso, desde a sua primeira temporada, o podcast registra e difunde histórias inspiradoras relacionadas à diversidade e à inclusão.

A primeira temporada do programa, que foi ao ar entre setembro e novembro de 2021, apresentou, em sua abertura, justamente a minha história de vida. A temporada contou ainda as histórias da Mariana Rosa, mulher com deficiência (baixa visão), jornalista, mãe da Alice – criança com paralisia cerebral –, educadora e militante; do Alex Duarte, escritor, cineasta e defensor da causa; da Fernanda Abreu, pedagoga, que estuda e atua pela inclusão profissional da pessoa com deficiência; da Izabela Campos, paratleta PcD_visual; do Wilson Mingote, professor da Faculdade Pitágoras e tio de uma criança com deficiência – o que mudou inteiramente sua forma de perceber a questão; e da Neusa Loureiro (*in memoriam*), que foi minha psicopedagoga.

A segunda temporada, veiculada de março a maio de 2022, teve episódios com os seguintes convidados: Wallysson Santos, um jovem que, assim como eu, também é uma pessoa T21; Larissa Silva e Lorena dos Reis, que são fisioterapeutas e têm um trabalho acadêmico sobre mães de pessoas com paralisia cerebral; Talita Pagani, cientista da computação que se reconhece como uma pessoa neurodivergente e é especialista em acessibilidade no universo digital; Márcia Scigliano, que é psicóloga e acredita que a psicologia tem papel importante no desenvolvimento de pessoas com deficiência e na construção da sociedade inclusiva; Elizete Lisboa, que é professora e escritora com deficiência visual; Anita Cardoso, que é Relações Públicas há 30 anos, já foi presidente do conselho profissional da área e defende a inclusão como pauta fundamental da responsabilidade social das instituições; Marina de Paula, que é musicista (toca flauta doce desde criança), psicopedagoga e musicoterapeuta, além de minha professora e amiga. Na temporada, também conversei com uma das pessoas mais importantes da minha vida: a minha mãe, Marisa Camargos.

A terceira temporada, cujos episódios foram lançados de setembro a novembro de 2023, começou com um papo com a jornalista Rafaela Lima – a Rafa, minha amiga, companheira de trabalho e uma das fundadoras da AIC. O segundo episódio teve a convidada Rebeca Costa, que é uma jovem que tem nanismo e é muito ativa na luta anticapacitista – ela é advogada, modelo, influencer e palestrante. No terceiro, a convidada foi uma pessoa mais que especial na minha vida: a minha irmã, Alice Camargos, que é engenheira, ativista da sociedade inclusiva, além de cocriadora (junto comigo) do projeto Bagaceira, que promove o lazer e a autonomia das pessoas T21. Os outros episódios trouxeram ainda: o Anderson Coelho, que tem deficiência visual e é um atleta paralímpico de BH muito premiado; a Valéria Capreta, psicopedagoga que desenvolve um trabalho bem legal de educação inclusiva e é minha professora de leitura e escrita; Ivy Faria, jovem que tem SD e é influenciadora digital, levando sua rotina e falando sobre inclusão nas redes sociais; Rafael Cavalcante, um jovem T21, que é atleta bicampeão da seleção brasileira de futsal; Bell Machado, que é audiodescritora, professora, roteirista e narradora em museus, cinema e teatro. Por fim, recebemos os irmãos Leonardo e Eduardo Gontijo, fundadores do Instituto Mano Down. Léo é diretor do Instituto Mano Down e uma pessoa sem deficiência, já Dudu é músico e T21.

Na quarta temporada, que lançou os programas nos meses de março e abril de 2023, eu entrevistei: Allan Damasceno, pedagogo e psicopedagogo, que é professor da área de Educação na Universidade Federal Rural do Rio de Janeiro (UFRRJ) e tem diversas pesquisas relacionadas à inclusão educacional de pessoas com deficiência; Walter Kumaruara, jovem indígena que defende a preservação da biodiversidade da Floresta Amazônica e os direitos dos povos indígenas; Ana Cunha, RP como eu, que é Diretora de Relações Governamentais e Responsabilidade Social da empresa Kinross Brasil, foi considerada uma das mulheres mais influentes no ramo da mineração no mundo, e está atenta às questões relacionadas a diversidade e inclusão; Diego Pereira Ríos, escritor e professor uruguaio, membro da RED CREA – Cómplices Pedagógicos para América Latina, e irmão de uma pessoa com deficiência, com quem aprende muito; Anelice Ribetto, que nasceu na Argentina mas adotou o Brasil como sua terra (ela vive no RJ há vários anos), é psicóloga e professora da área de Educação na Universidade do Estado do Rio de Janeiro (UERJ), onde desenvolve pesquisas e projetos de extensão voltados à compreensão e ao combate às desigualdades no acesso à educação enfrentadas pelas pessoas com deficiência.

Na quinta temporada, no ar de outubro a dezembro de 2023, os quatro primeiros episódios foram gravados com amigos meus que são pessoas T21 que estão transformando a sociedade: a Tathi Piacanstelli e o Vinícius Streda (a Tathi e o Vini), que se apaixonaram em

2018, se casaram e hoje formam uma linda família; a Vitória Mesquita (carinhosamente conhecida como Viti), que foi a responsável pela definição de Síndrome de Down do Google, é autora do livro Atualiza SD e também tem um podcast, assim como eu; Samanta Quadrado, que é atriz, influenciadora, youtuber e, em 2023, desfilou pela primeira vez na Escola de samba Paraíso de Tuiuti, do Rio de Janeiro. Também conversei com a Priscylla Ramalho e Rafaela Lima (a Pri e a Rafa), gestoras da AIC que têm trabalhado diretamente comigo e com os projetos da AIC em prol da sociedade inclusiva.

São muitas pessoas incríveis compartilhando suas histórias no meu podcast! Tem sido uma alegria e uma honra imensas ouvir, registrar e difundir histórias de vida com tanto potencial para inspirar as pessoas e mobilizar a sociedade.

CONTANDO HISTÓRIAS PRO MUNDO TODO OUVIR

Todo esse trabalho que a gente foi construindo no Inclusive Luísa precisava alcançar o mundo. Precisava ultrapassar os limites de Belo Horizonte, para que mais pessoas fossem mobilizadas a agir pela inclusão da pessoa com deficiência, a partir da nossa história, inspiradas nela. Para isso, contamos com a ajuda da assessora de comunicação da AIC, a Beatriz Lopes, que chamamos de Bia. A Bia sempre me ajudou muito com as redes sociais, na divulgação das temporadas do podcast, me orientando com roteiros de gravações de diversos vídeos para as redes sociais. E tudo isso tem sido muito importante. Tudo vem dando muito certo porque é um trabalho em equipe.

Fui também perguntar à Bia como tem sido essa experiência dela desenvolvendo a comunicação do Inclusive Luísa e da AIC como um todo. Perguntei a ela como era o trabalho nessa frente de atuação, e ela me contou as seguintes coisas:

> A comunicação institucional inclui várias frentes: a comunicação interna, as redes sociais, o site da AIC, a assessoria de imprensa. Essa ampla gama de possibilidades faz dela um desafio do qual eu gosto muito, e que ao mesmo tempo exige que eu tenha uma visão bastante panorâmica do que está acontecendo na entidade. Preciso saber um pouquinho de tudo para contar para o mundo quem é AIC, o que a AIC faz, o que a gente tem inventado por aqui. Eu preciso estar muito conectada com diferentes pessoas e ter uma visão que abarque a diversidade do que é a nossa instituição, porque os projetos são muito diferentes, as equipes são diferentes. Uma coisa que me ajuda muito é a comunicação com as pessoas, para entender o trabalho delas. Assim, eu converso com você, com a Danusa e com muitas outras pessoas. Também estou sempre observando o que é realizado. Conversar e observar são duas coisas que me ajudam muito nesse trabalho de entender a AIC para poder contar um pouco da nossa história. E uma coisa legal dessa história é que a AIC se compromete com a questão da diversidade também internamente, na própria composição da equipe e na própria estrutura de funcionamento.

A Bia tem razão: a AIC é sim esse espaço diverso, plural e inclusivo. É por isso que estamos lá construindo a história do Inclusive Luísa. E a Bia me falou também que ela tem percebido o Inclusive Luísa como uma frente de ação que mobiliza e assume uma responsabilidade cidadã em prol da sociedade inclusiva. E, como ela cuida das redes sociais da AIC, conversei com ela sobre como vê a repercussão do projeto na comunicação com o público da entidade nas redes sociais. Na conversa, ela me disse o seguinte sobre a importância do projeto Inclusive Luísa na AIC:

Eu acho seu trabalho no Inclusive Luísa muito importante para a AIC, por trazer a perspectiva da inclusão a partir da sua história de vida. Você vira exemplo, e isso faz toda a diferença. Afinal, é muito legal contar as nossas histórias de vida, mas é mais legal ainda quando elas podem ser representativas para outras pessoas, quando podem dizer não só de você, mais das vidas de tantas outras pessoas: as pessoas com deficiência, as pessoas com Síndrome de Down. E o podcast, uma das ações do Inclusive Luísa, é uma iniciativa muito legal porque carrega essa representatividade superimportante. Sempre que comento com as pessoas, conversando com amigos e contando sobre o trabalho que a gente faz aqui na AIC, sobre o que eu tenho a oportunidade de acompanhar, e aí eu falo do seu podcast, é sempre uma recepção muito calorosa. As pessoas acham muito legal. Elas me falam: "Nossa, que massa que existe esse espaço, que existe uma Relações Públicas com Síndrome de Down com seu próprio espaço, apresentando seu próprio podcast". Eu acho que isso, simbolicamente, é muito importante. Além do mais, você é uma excelente entrevistadora.

É, acho que sou mesmo uma boa entrevistadora! Amo fazer isso!

As temporadas do podcast – as quatro que já foram lançadas – bem como a quinta temporada, que por sinal já ganhou uma outra proposta, tornando-se videocast, têm a minha marca, a marca de cada convidado que por lá passou, mas também tem a marca de cada companheira da AIC que passou pelo projeto Inclusive Luísa e me ajudou e ajuda a construir essa história.

Capítulo 9

PÓS-GRADUAÇÃO: NADA SOBRE NÓS SEM NÓS!

TUDO COMEÇOU COM UMA DUPLA QUERENDO DOMINAR O MUNDO

Quando concluí o Ensino Médio, eu já tinha certeza de que queria fazer uma graduação, só não sabia ainda que ia me tornar uma apaixonada pelo espaço acadêmico. Essa paixão, que dava indícios desde a graduação, ganha força na AIC. Foi lá que, mobilizada e motivada pela galera da AIC, que sempre acreditou em mim, experimentei a escrita de artigos científicos.

Embora tenha escrito e também defendido meu TCC junto a uma banca – experiência que foi muito importante para mim –, o trabalho final da graduação tem uma outra proposta de escrita e de apresentação, não é!? Ele é uma experiência muito ligada ao percurso da faculdade, pois funciona como avaliação final do curso. Já a primeira escrita de artigo na AIC, e as outras que depois vieram, ganharam um outro lugar na minha vida: me deram a oportunidade de refletir sobre o meu papel e minha trajetória como profissional de Relações Públicas que atua em uma instituição do terceiro setor e promove a causa da sociedade inclusiva. Me possibilitaram, ainda, construir uma trajetória de pesquisa, bem como dar visibilidade, no mundo acadêmico, ao meu trabalho e ao conhecimento que produzo.

A Rafaela Lima foi uma pessoa fundamental para fazer brotar a Luísa pesquisadora. Foi ela que me desafiou a ocupar esse lugar e me indicou caminhos e possibilidades para que isso pudesse acontecer na minha vida. Com ela, muitas outras pessoas vieram fazer parte dessa história e me ajudaram a deixar fluir a acadêmica que já habitava em mim, embora eu ainda não tivesse percebido.

Desde a minha primeira escrita para o congresso da ABRAPCORP, foi crescendo em mim a vontade de fazer mais. Além disso, estando nos espaços de debates e com pesquisadores da Comunicação, foi aumentando o desejo de fazer uma pós-graduação, mestrado e quem sabe até o doutorado. Já pensou? O Brasil ter sua primeira pós-graduada com Síndrome de Down? Estou me preparando para um dia chegar lá!

A Rafa e eu somos muito amigas. Ela sempre me ajuda com suas ideias supercriativas, me incentiva, acredita em mim e eu tenho por ela um amor tão grande que nem consigo explicar. Sou muito grata por tudo que ela e a AIC proporcionaram em minha vida. Eu já disse isso a ela, mas quero registrar aqui também. Certa vez, em uma conversa – que, não duvide, pode ter acontecido em algum boteco em BH –, fiz com ela o seguinte comentário: "Rafa, sabe um sonho que eu tenho? Fazer uma pós-graduação, um mestrado, sabe?!".

Pronto, ela me devolveu palavras de incentivo e guardou isso com ela. Você já pode imaginar o que veio depois dessa conversa, não é? A Rafa soube do processo seletivo para uma pós-graduação em Juventudes na Faculdade Jesuíta, e logo falou comigo: "Lu, você não gostaria de fazer essa pós, não?".

Bom, alguns dizem que a Rafa e eu queremos dominar o mundo. Pode ser uma verdade! Eu sei que o que queremos mesmo é garantir o direito, que é de todos nós, de viver um mundo onde caibamos, sem discriminação, sem violência, sem ódio, sem capacitismo. Acho que não é pedir tanto, ter um mundo onde haja muito amor envolvido, não é? Mas voltando à história da pós, é claro que eu disse um caloroso sim e daí fomos olhar todos os trâmites para o processo seletivo.

OUTRA PARCERIA DE AMOR E DOMINAÇÃO PLANETÁRIA

A novidade da pós-graduação aconteceu em 2023, quando quem trabalhava comigo no Inclusive Luísa era novamente a Danusa – que agora tem o posto de minha companheira para sempre nos projetos da AIC, e que também tem sido uma companheira fundamental na construção dos meus planos de dominar o mundo. Já falei dela algumas vezes por aqui, mas acho que ainda não contei muito sobre como começou minha história com ela. Então, vou falar um pouco disso, depois a gente retoma essa conversa sobre minha pós.

Eu conheci a Danusa no projeto Educação Inclusiva, que foi a nossa primeira experiência trabalhando juntas. Lá, tínhamos a tarefa de construir o e-book do projeto. Ela, recém-chegada na AIC, não conhecia a galera e nem sabia como era a instituição. Isso sem falar que ela chegou no meio da pandemia. Eu, que gosto de receber as pessoas, mandei logo uma mensagem para ela no privado e me apresentei, falei do meu trabalho e tudo o mais. Ela me disse uma vez que isso foi muito importante para ela, pois se sentiu acolhida e muito bem recebida por mim.

Com ela, escrevi vários textos, e temos feito muitas coisas juntas. Em um dos nossos processos de escrita em parceria, ela foi contando um pouco do lugar de onde veio, a área de Educação – ela é pedagoga –, e me contou de sua experiência em escrever e trabalhar com uma pessoa com Síndrome de Down. Sobre isso, ela disse:

> Meu último contato intenso com a pauta da educação inclusiva havia sido ainda na graduação em Pedagogia. Além disso, como professora regente em rede particular de ensino, eu havia tido algumas poucas experiências em lecionar junto a estudantes com deficiência. Na AIC, chego para atuar no projeto Educação Inclusiva e me encontro com você, Lu. Nossa primeira tarefa foi construir juntas a escrita de um e-book do projeto, o que para mim foi um desafio. Embora eu tenha uma formação em Educação e uma aproximação com a temática da inclusão, naquele momento o que me tomava era justamente no que se pautava a proposta do projeto - INCLUSÃO. Se você, Lu, também faria parte na produção desse e-book, isso precisava acontecer de forma efetiva.
>
> Então, minhas inquietações eram: Como efetivar a sua participação, uma pessoa com Síndrome de Down, de forma que

a produção tivesse também a sua verdade, a sua marca? Que metodologias e estratégias poderíamos usar para que você estivesse presente no livro?

Fomos encontrando nosso caminho, nos conhecendo, criando um laço de confiança, respeito e trabalho. Embora, naquele momento, tudo só fosse possível de forma virtual, através das telas de nossos computadores. Lembro que a gente começou com você fazendo algumas pesquisas sobre os temas do e-book e respondendo perguntas. E esse foi meu primeiro contato com uma escrita sua. A partir daí, fomos conversando e trabalhando juntas, em equipe, fizemos a produção do e-book e ficou muito bacana!

E assim foram os primeiros passos dados por mim nessa nova caminhada, que teve como possibilidade experimentar a inclusão da pessoa com deficiência em espaço não escolar, mas, sim, na relação profissional. Você é a minha primeira colega de trabalho com Síndrome de Down e isso mudou e muda todos os dias quem eu sou como pessoa e como profissional. Trabalhar com você mudou a minha vida e por isso, Lu, é que sempre digo para você: você é o meu chão de escola, pois me ensina todos os dias sobre inclusão, sobre mobilização social, sobre humanidade, sobre a vida! Eu amo você!

Eu já havia realizado uma escrita de artigo na AIC, como falei. Então, participar da escrita do e-book já seria minha segunda experiência de escrita na instituição. Conversando com a Danusa, eu contei a ela daquele meu texto anterior. Acho que isso nos ajudou bastante a realizar aquela primeira ação juntas no projeto no Educação Inclusiva. Desde então, tudo o que realizamos em parceria só me traz alegrias e realizações! Vamos criando, juntinhas, uma metodologia de trabalho para a minha inclusão profissional, que infelizmente era inédita no país até então.

A Danusa é uma pessoa muito legal. Ela é minha tutora profissional na AIC e minha companheira na coordenação do projeto Inclusive Luísa. Caminhar ao lado dela me ajuda muito a construir meu desenvolvimento não só profissional, mas também pessoal. E o legal é que, como vocês puderam ver no depoimento dela, a Danusa também aprende e se desenvolve muito ao trabalhar comigo. É uma parceria de mão dupla, cheia de amor, amizade e cumplicidade. Ela sempre me apoiou em tudo, inclusive no meu percurso na pós! Nossa história fica cada dia melhor! É uma parceria muito forte, sem explicação! Ela está comigo todos os dias da minha vida, de segunda a sexta, e de vez em quando até nos finais de semana, falando sobre temas aleatórios, como futebol e outras coisas de que gostamos.

Mas, quando ela me conta que eu sou a primeira pessoa com SD com quem ela trabalha, isso me fez pensar sobre o quanto a inclusão de profissionais com deficiência – e aqui chamo a atenção para as deficiências intelectuais, como a Síndrome de Down – ainda é uma questão social com pouquíssimos avanços. Vocês, leitores, já pararam para pensar se tiveram alguma experiência profissional com alguém com SD ou outra deficiência intelectual? Já pensaram na proporção disso? Será que não temos esses profissionais por aí? Bem, aqui já está entrando em cena não só a ativista, mas também a pesquisadora que habita em mim... quem sabe esse questionamento não vira mais um artigo científico futuramente?!

OCUPANDO ESPAÇOS E CONSTRUINDO UMA CIÊNCIA EFETIVAMENTE INCLUSIVA

Voltando à conversa da pós-graduação, que iniciamos neste capítulo, ela tem sido um divisor de águas na minha vida, a realização de algo com que sempre sonhei. Então, após todo processo de seleção, eu recebo um e-mail da FAJE que me deixou supereufórica: lá estavam a notícia da minha aprovação e as orientações para a matrícula. Nem acreditei, fiquei muito feliz! E fiquei mais feliz ainda ao saber que a FAJE, numa parceria de permuta com a AIC, me concederia uma bolsa integral!

Naquele momento, eu me tornava a primeira pessoa com Síndrome de Down no Brasil a fazer uma pós-graduação (pelo menos, mesmo pesquisando muito, até hoje eu não encontrei nenhuma informação de outra pessoa com SD que tenha feito ou esteja cursando uma pós).

Em formato presencial e online, fiz o meu primeiro módulo presencial e amei demais. Até contei essa experiência lá no meu blog, onde coloquei fotos e tudo mais. Agora, enquanto escrevo este livro, estou dando continuidade à minha formação... Os próximos passos você poderá ver por lá, onde conto tudo o que acontece em minha vida.

Quero então, nas linhas finais deste capítulo, dizer que sou muito feliz e grata por ter conquistado esse espaço acadêmico no qual geralmente até falam, pensam e discutem sobre inclusão, mas em que ainda não estamos ou temos pouca representatividade. Pessoas com deficiência, sobretudo a intelectual, também são capazes de ser intelectuais e de fazer ciência. É nada sobre nós, sem nós! Então, precisamos estar lá! Precisamos estar também na academia, para que a ciência sobre inclusão da pessoa com deficiência seja, também, inclusiva.

Capítulo 10

30 ANOS DA LUÍSA E DA AIC

MINHA HISTÓRIA DE AMOR COM A AIC

Estamos chegando ao final deste livro, não porque já contei tudo sobre minha história, pois nem seria possível, não é mesmo? Nem é também porque não há mais nada a ser contado. É tão somente porque chega uma hora em que é preciso terminar a escrita.

Contar 30 anos de história foi um movimento que mexeu comigo. Rememorei coisas que me fizeram sorrir, chorar, sentir saudades, ser grata e sonhar ainda mais. Neste ano de 2023, escrevo o presente livro para contar a história da Luísa Camargos, a minha história – e assim realizo mais um dos meus sonhos.

Lembro que minha psicóloga sempre me dizia: "Luísa, você tem que escrever um livro da sua história, pois vai ajudar outras famílias de pessoas com Síndrome de Down". Escutei isso dela diversas vezes e comecei a sonhar com essa possibilidade. Lembram da Rafa? Então, ela mesmo – que, assim como eu, quer dominar o mundo. Contei sobre essa história de escrever um livro para ela e o resultado dessa conversa você já sabe, pois chegou até aqui, conhecendo minha história neste livro.

Mais uma vez trago, atravessando a minha história, a AIC... E sabe de uma coisa? Ela também está fazendo 30 anos de existência em 2023. Nós nascemos no mesmo ano: a Lu e a AIC; a AIC e a Lu. E foi assim que começamos a realização deste sonho, o meu livro. Para comemorar meus 30 anos, mas também como forma de agradecer a AIC e comemorar seus 30 anos de atuação em prol da cidadania, em prol de uma sociedade inclusiva. E para celebrar a nossa história de amor.

E POR FALAR EM AMOR...

Falando em história de amor... antes de me despedir, acho que ainda dá tempo de contar mais uma coisa para vocês. Uma história sobre a qual muitos têm curiosidade, mas eu raramente falo sobre ela. Vou contar uma fofoca da minha própria vida (risos). Talvez até vocês, leitores, em algum momento, pensaram se eu iria falar nesse assunto.

Mas chega de mistério! Estou falando do tema namorado. A gente gosta de uma história de amor, não é? Talvez eu fruste vocês nesse assunto, mas está valendo! Bem, eu nunca namorei. Quando perguntam para meu pai sobre isso, ele diz (brincando, claro): "Luísa não vai namorar!". Reação normal, não é? Muitos pais têm dificuldade em aceitar esse aspecto da nossa vida...

Mas a verdade é que minha família nunca me impediu de conhecer alguém. Se eu me interessasse e quisesse namorar, não seria um problema. A única questão para eles, e acho que para todos os pais cuidadosos, é que eu encontre alguém bacana e que eu seja feliz.

Eu, certa vez, conheci um rapaz de Juiz de Fora. Nos conhecemos em uma live da qual participei, sobre educação financeira. Isso foi na pandemia, nem tem tanto tempo assim. Ele, assim como eu, é uma pessoa com SD. Tem alguns anos a mais do que eu (ele tem a mesma idade de minha irmã) e, à época, estava fazendo faculdade de Pedagogia. Ele também é torcedor do Cruzeiro. Essas afinidades e pontos comuns de nossa história que nos levavam a ter boas conversas, por horas e dias, nas redes sociais.

Fomos levando nossas conversas durante a pandemia e sempre nos falávamos. Fazíamos videochamadas pelo WhatsApp, como forma de nos conhecermos melhor, nos aproximarmos. Mas ficamos por aí, só nesse contato virtual mesmo, pois quando a pandemia acabou, eu resolvi focar só no meu trabalho. Não achava que era o momento de dar continuidade àquela história e nem de iniciar nenhum relacionamento, ainda mais a distância. Mas nossa relação de amizade ficou e segue firme até hoje.

Enfim... tudo é uma questão do momento de vida em que estamos. O meu, hoje, é de voltar toda a energia para o trabalho e os estudos, para realizar alguns sonhos nessa área – muitos dos quais, posso dizer, já estou alcançando. Sim, eu amo trabalhar e não tem tempo ruim para mim. Sou muito comprometida, dedicada e quero continuar buscando novas oportunidades de formação e crescimento. Mas, se você me perguntar: Lu, você não pretende namorar, casar, ter sua família, sua casa e tudo o mais? A resposta será sim, quero sim ter tudo isso, mas não tenho pressa. No momento, a minha prioridade não é essa.

Acredito que, quando for para acontecer, vai acontecer naturalmente. Não estou à procura, mas também não estou fechada à possibilidade de encontrar alguém para escrever comigo uma história de amor, família e vida. Acho que é isso: tudo com calma e no meu tempo também, não é?

Contei até aqui parte da história de 30 anos de uma mulher brasileira, com Síndrome de Down, que se tornou a primeira RP no país. Uma história que teve início em 1993 e está longe de terminar. Tenho ainda muitos sonhos a realizar e, nesse momento, algumas coisas me fazem refletir após olhar para minha própria história.

Depois de 30 anos, o que muda na minha vida? Quis envolver meus pais e minha irmã nessa reflexão, e perguntei a eles: depois de 30 anos comigo, mudou algo em suas vidas? Eles me disseram que muita coisa mudou, e concordo com eles. Foram muitas as transformações vividas ao longo das nossas trajetórias juntos, e isso foi a melhor coisa que poderia ter acontecido conosco. Vivemos muitos desafios, mas também muitas conquistas, enfrentamos dificuldades, mas também temos tido muitas realizações, alegrias e afeto. E temos buscado fazer com que as nossas vidas, que são entrelaçadas e estão sempre em transformação, se conectem à busca por transformações na sociedade.

Eu até me emociono ao falar sobre todas essas coisas, pois sou grata a todos e todas que passaram por minha vida. Sou grata a cada um que vocês puderam conhecer aqui neste livro, sou grata aos que, embora não tenham sido citados neste livro, também foram e são importantes para mim. Alguns deles vocês conhecerão na Parte 2 desse livro, que vem a seguir e tem uma seção especial, que chamei de "Uma coleção de amigos e muito amor envolvido". Pois, para mim, a vida é isso!

Parte 2

Imagens e Afetos

Depoimentos

É muito amor envolvido...

"Luísa: Seus caminhos
Docilidade
Superação
Dedicação
Luz"

(Maria Cristina Abreu Domingos)

"A Lu é essa pessoa tão perfeita, super focada, segura de si, com perguntas inteligentes. é um prazer trabalhar perto de uma pessoa super competente e com uma energia tão boa."

(Kenia Chagas)

"A Luisa é muito mineira, com dois minutos de conversa você já perceberá no sotaque os "muito bacana" e "joia!" que só um bom mineirês bem falado pode oferecer."

(Letícia Lopes da Silveira)

"Luísa, mulher poderosa! Siga seus caminhos, desenhe muitos trajetos, faça um mapa inteiro, alcance o céu! E de onde estiver, faça aquele biquinho lindo pra me mandar um beijinho cheio de amor."

(Emanuela de Avelar São Pedro)

"Lulu você é alegria,
Por onde você passa você contagia.
Quanto orgulho eu tenho de ti,
E como quero que você seja sempre feliz."

(Lorena de Castro Barboza)

"Já vivemos muitaaaas situações especiais juntas. Desde as festas de criança na sua casa até as saídas no Ciência do Espeto em BH com direito a after na Dome e viagens. Réveillon no RJ, idas a Córregos e a última para Aparecida do Norte. Vivemos muitos momentos especiais, Lu!"

(Barbara de Morais Coutinho)

"Lu, você é um exemplo de resiliência, de vida e de busca por sempre melhorar. Te amo demais!"

(Karla Patricia Vital Damiani)

"Tive a grata satisfação de acompanhar a jornada acadêmica da Luísa na faculdade, desde o primeiro dia até a conclusão do seu curso de Relações Públicas. Foi um período de muita aprendizagem para todas as partes, onde Luísa muito ensinou, tanto aos colegas de sala quanto ao corpo docente da instituição, a viver de verdade o real significado das palavras inclusão e diversidade."

(Paulo Henrique de Oliveira)

"Lu, você é luz demais nas nossas vidas. Sua presença só fortalece e engrandece o trabalho da AIC. Obrigada pela partilha! Um beijo bem grande!"

(Priscylla Ramalho Dias Ferreira)

"Você em si, Luísa, já é uma marcação na minha vida. Quando você era pequena você me acordava só pra mandar eu dormir de novo e falava: "fecha o olo, vá dumi". Que tenhamos muitas outras brincadeiras. Deus te abençoe!"

(Amauri de Souza Rocha)

"Lu, como tenho orgulho da mulher que você se tornou. É uma alegria poder partilhar a vida com você. Você é inspiração para todos ao seu redor, com sua determinação, força de vontade e leveza de viver a vida. Amo você!"

(Camila Danielle Damazo Lopes)

"Luísa, foi um prazer único ter feito parte da sua vida acadêmica. Deus te abençoe por toda a sua vida!"

(Zilma da Silva Gusmão)

"Lulu, você é uma pessoa incrível! É lindo ver sua trajetória, você se tornou uma mulher forte e determinada, sem perder o carisma e delicadeza de quando era menina."

(Yuri Lukas Alencar Silva)

"Lulu, assim como chamamos ela, é inspiração para mim, prova viva de que o céu não é o limite, existem sim inúmeras barreiras para ultrapassar e inúmeros desafios para vencermos, mas com persistência e força de vontade podemos alcançar o infinito."

(Alberto Junio Pereira de Souza)

"A Luisa leva amizade a sério e quando ela diz que "e da AIC para a vida", ela não está de brincadeira. Ela fez questão de comparecer no meu casamento. Quando as portas da igreja abriram para a entrada da noiva, a Luisa com seu sorriso cativante foi uma das primeiras pessoas que eu vi. Nunca esquecerei esse gesto de carinho!"

(Jessica Caldeira)

"Para mim, ser melhor amiga de Lulu é uma benção de Deus em minha vida! Sou muito grata por ter essa amizade leve, sincera, genuina, e torço sempre por seu sucesso!"

(Leticia Machado Gomes)

"Lu, como me sinto melhor ao seu lado, como aprendo a ser melhor com você todos os dias, obrigada por tanto sem querer nada em troca. Eu nem lembro como era a vida sem ter você ao meu lado, caminhando comigo!"

(Danusa Tederiche)

Linha do tempo

Puxando fios de memória: minha história de vida

1993 - 1998

"A minha história de vida é muito grande mas tem muita coisas interessantes"

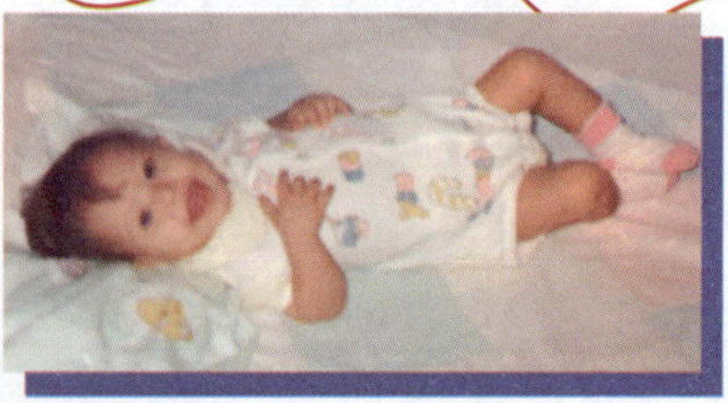

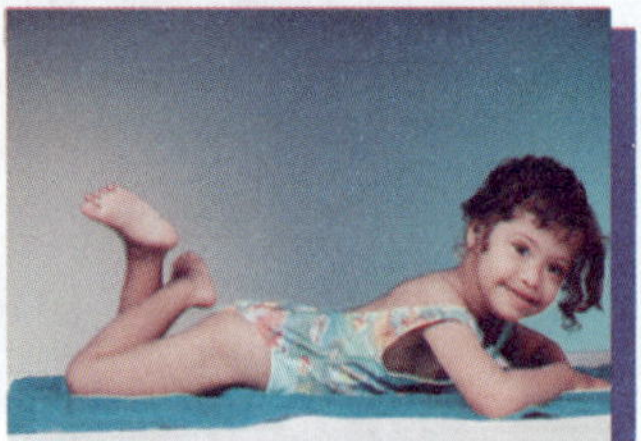

Com 2h de nascida, meus pais souberam que eu era uma pessoa com Síndrome de Down e já nos meus primeiros 15 dias de vida, comecei a frequentar a fonoaudiologia e a fisioterapia. Depois de mais um tempinho, a terapia ocupacional e psicologia.

É muita "ia" né gente!

a não parava quieta e fazia muitas coisas quando
iança que foi muito importante para mim e no meu
esenvolvimento e na aprendizagem.

1999 - 2004

A família é muito importante para o desenvolvimento e aprendizagem também.

A família, a escola, tudo faz parte da minha educação e as atividades que fiz quando criança como natação, capoeira, ballet, musculação e flauta doce que parte da minha trajetória.

Adolescência

2005 -2010

2011 - 2016

Percebi que em mim existiam características de uma RP. Então, posso afirmar que a profissão me escolheu. E isso aconteceu enquanto eu ainda estava no curso de graduação.

2017/2023

Mural de memórias e histórias

Todo mundo cabe no mundo da Lu

LUÍSA COM SUA AMIGA LETÍCIA MACHADO. ELAS ESTUDARAM JUNTAS NO ENSINO FUNDAMENTAL II E ESSA AMIZADE ADOLESCENTE SEGUE FIRME ATÉ HOJE

LUÍSA COM BÁRBARA COUTINHO, AMIGA DE SUA IRMÃ ALICE DESDE INFÂNCIA E TAMBÉM SUA AMIGA

LUÍSA COM EMANUELA SÃO PEDRO (MANU). LUÍSA E MANU SÃO AMIGAS DE TRABALHO E TÊM EM COMUM A PROFISSÃO DE RELAÇÕES PÚBLICAS, ELAS TRABALHAM NA AIC-AGÊNCIA DE INICIATIVAS CIDADÃS

LUÍSA COM MANU EM VIAGEM PARA UM CONGRESSO DE RELAÇÕES PÚBLICAS E COMUNICAÇÃO QUE ACONTECEU NO RIO DE JANEIRO, O ABRAPCORP

UÍSA E LORENA CASTRO.
U FOI COMEMORAR O
NIVERSÁRIO DE SUA
MIGA DA ADOLESCÊNCIA.
MBAS SE CONHECERAM
IA ÉPOCA DA ESCOLA NO
NSINO FUNDAMENTAL II

LUÍSA COM ZILMA GUSMÃO. ZILMA FOI COORDENADORA ACADÊMICA DA FACULDADE ONDE LUÍSA ESTUDOU E TAMBÉM FOI SUA PROFESSORA

LUÍSA COM A GALERA DE SEU PRIMEIRO EMPREGO NO SUPER NOSSO

LUÍSA E LETÍCIA COMEMORANDO O ANIVERSÁRIO DA LU NA ESCOLA

FESTA DE DESPEDIDA DA LUÍSA COM TODA EQUIPE DO SUPER NOSSO EM SEU ÚLTIMO DIA DE TRABALHO

ALÉM DA DESPEDIDA DA LU, A GALERA DO SUPER NOSSO SE JUNTOU PARA ACOMPANHAR JUNTOS AO JOGO DA COPA DO MUNDO EM 2018

LUÍSA E DANUSA TEDERICHE NO CONGRESSO INTERCOM QUE ACONTECEU NA PUC MINAS. LUÍSA E DANUSA TRABALHAM JUNTAS NA AIC, NO PROJETO INCLUSIVE LUÍSA

LUÍSA COM SEU AMIGO YURI, MAIS UMA AMIZADE DA ÉPOCA DE ESCOLA E QUE SE MANTÉM ATÉ HOJE

LUÍSA COM ALBERTO JÚNIOR (ESQ.) EM UM ENCONTRO PELO CAMPUS DA FACULDADE

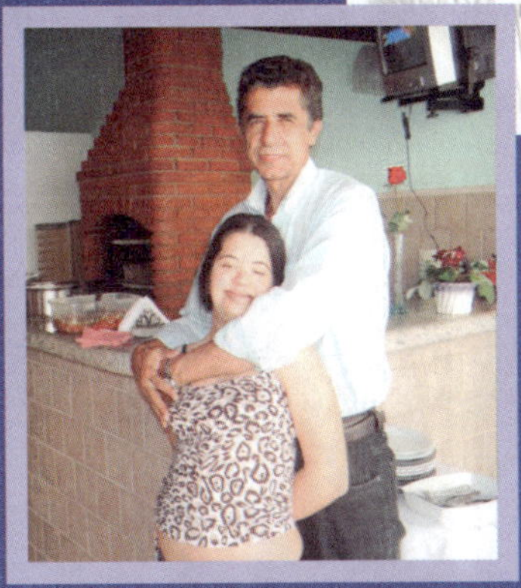

LUÍSA COM SEU TIO AMAURI

LUÍSA E DANUSA PREPARANDO JUNTAS A LINHA DO TEMPO PARA ESTE LIVRO

LUÍSA COM A GALERA DA AIC COMEMORANDO SEU ANIVERSÁRIO EM 2022

LUÍSA COM CAMILA DAMAZO, AMIGA DE SUA IRMÃ ALICE DESDE INFÂNCIA E TAMBÉM SUA AMIGA

CONFRATERNIZAÇÃO DE FINAL DE ANO COM A GALERA DA AIC EM 2022

ARISA CAMARGOS, JISA E PAULO HENRIQUE, OORDENADOR DO URSO DE RELAÇÕES ÚBLICAS DA FACULDADE NDE A LU ESTUDOU

LUÍSA COM KARLA DAMIANI E RAFAELA LIMA NO INSTITUTO MANO DOWN, QUANDO AMBAS CONHECERAM A LU E A CONVIDARAM PARA TRABALHAR NA AIC

LUÍSA E KARLA DAMIANI, A PRIMEIRA PESSOA A TRABALHAR DIRETAMENTE COM A LU NA AIC

LUÍSA E GALERA DA AIC NO CASAMENTO DA JÉSSICA CALDEIRA, QUE NA ÉPOCA FAZIA PARTE DA EQUIPE DA INSTITUIÇÃO E TRABALHOU COM LUÍSA NO PROJETO EDUCAÇÃO INCLUSIVA

Book da Lu

Família, meu porto seguro!

LUÍSA CAMARGOS

LU COM A VOVÓ ANA

FAMÍLIA DA LUÍSA CAMARGOS (PAIS E IRMÃ)

FORMATURA DE RELAÇÕES PÚBLICAS

LU COM SUA PRIMEIRA SOBRINHA, LAURA

TRABALHANDO EM HOME OFFICE

MANTENDO A FORMA

LU COM A VOVÓ ESTER

LUÍSA COM SEU CUNHADO LUIZ, SUA IRMÃ ALICE E SUA SOBRINHA/ AFILHADA LAURA NO DIA DE SEU BATIZADO

ESTUDANTE DE PÓS-GRADUAÇÃO EM MOMENTO DE CONCENTRAÇÃO NOS ESTUDOS. BEM DESPOJADA

APRESENTAÇÃO DE ARTIGO CIENTÍFICO NO ABRAPCORP, EM 2023, NA UERJ

INFLUENCER, LUÍSA CAMARGOS